라마나 다르샤남

Sri Ramana Darsanam
An Explanation of the Truth Behind Bhagavan's Life and Teachings

by Sadhu Natanananda
(First Tamil edition, 1957 / Third English edition 2013)

Published by V. S. Ramanan,
President of the Board of Trustees,
Sri Ramanasramam, Tiruvannamalai, Tamil Nadu 606 603, India

Copyright © Sri Ramanasramam
Korean translation copyright © 2015 Tamgusa Publishing

이 책의 한국어판 저작권은 Sri Ramanasramam과의 계약에 의하여 탐구사에 있습니다. 저작권법에 의해 보호받는 저작물이므로 사전 허락 없이 전재하거나 복사하는 것은 허용되지 않습니다.

아루나찰라 총서 ⑨

라마나 다르샤남

라마나 마하르쉬의 삶과 가르침에 대한 성찰

사두 나따나난다 지음

대성大晟 옮김

탐구사

옮긴이 ● 대성(大晟)

라마나 마하르쉬의 '아루나찰라 총서'와 니사르가닷따 마하라지의 '마하라지 전서'를 번역했고, 그 밖에 중국 허운 선사의 『참선요지』와 『방편개시』 그리고 감산 대사의 『감산자전』을 우리말로 옮겼다. 최근에는 『마음의 노래』, 『지혜의 검』, 『선의 지혜』, 『대의단의 타파, 무방법의 방법』, 『견성, 부처 마음 얻기』, 『비추는 침묵』 등 성엄 선사의 '성엄선서' 시리즈를 번역했다.

아루나찰라 총서 ⑨
라마나 다르샤남 - 라마나 마하르쉬의 삶과 가르침에 대한 성찰

지은이 | 사두 나따나난다
옮긴이 | 대성(大晟)
펴낸이 | 이효정
펴낸곳 | 도서출판 탐구사

초판 발행일 2015년 7월 24일

등록 | 2007년 5월 25일(제208-90-12722호)
주소 | 04094 서울 마포구 신수로 9길 11(신수동), 4층
전화 | 02-702-3557 Fax | 02-702-3558
e-mail | tamgusa@naver.com

값은 뒤표지에 있습니다.

ISBN 978-89-89942-40-5 04270
ISBN 978-89-951146-0-5 세트

일러두기

1. 본문의 둥근 괄호: 본문과 같은 크기의 것은 원문에 있는 것이고, 본문보다 작은 것은 문맥을 이어주기 위해 역자가 보충한 것이다.
2. 본문의 꺾쇠표: 원문의 개념을 설명하기 위해 영어판 편자가 넣은 주석 또는 보충문구이다.
3. 각주: 영어판 편자의 각주는 (편주), 옮긴이의 각주는 (역주)이며, 표시가 없는 각주는 저자의 것이다.
4. 글자체: 원서에서 첫 글자가 대문자인 핵심단어 일부는 **고딕체**로, 원서에서 이탤릭체로 표기된 단어나 구절들은 약간 **굵은** 글씨로 표시하였다.

차례

간행사 · 11

타밀어 초판 서문 · 13

특별 서시序詩 — 무루가나르 · 15

서시序詩 · 17

스리 라마나 다르샤남

머리말 · 21

장면 1: 진리를 본 사람들의 본질 · 25

  1. 나는 신을 보았다. 신을 보여줄 수도 있다 · 25

  2. 시고의 침묵을 보여주는 최초의 스승으로서 · 26

  3. 자기를 향한 시선과 은총의 말씀 · 27

  4. 어디를 보든 우리는 신만을 본다 · 28

장면 2: 지각의 본질 · 31

  5. 최초에 보이는 것은 신이다 · 31

  6. 진인의 형상을 한 신성神性 · 32

  7. 자부심을 가지고 찾아온 이들이 석상처럼 움직이지 않았다 · 33

  8. 스승의 은총 없이 깨달음은 불가능하다 · 34

장면 3: 확고한 의식의 상태의 본질 · 37

  9. 금수禽獸들도 체험한 지고의 고요함 · 37

장면 4: 다르마 준수의 본질 · 41

   10. 전 세계를 매료시킨 고귀한 두 사람 · 41

   11. 여기서 작용하는 힘이 거기서도 작용한다 · 43

장면 5: 순수한 존재의 상태의 본질 · 45

   12. 당신 자신을 스승으로 여기지 않으면서 은총을 하사했다 · 45

   13. 부가물에서 벗어나 있기에 스승이 곧 신이다 · 48

   14. 친존의 위대함과 고요함의 충만 · 49

   15. 헤매는 마음과 고요한 의식 · 50

   16. 은총과 오롯이 교류하는 것이 스승과 함께 사는 것이다 · 51

장면 6: 진인의 말씀의 본질 · 53

   17. 늘 마음을 고정하는 것이 스승에 대한 참된 봉사이다 · 55

   18. 주의가 안으로 향하면 활동은 저절로 진행될 것이다 · 56

   19. 마음을 개혁하는 것이 참된 봉사이다 · 57

   20. 스승의 두 발을 만지는 것의 진정한 의미 · 59

   21. 진아의 체험이야말로 참된 은사물이다 · 60

   22. '내가 있다'는 비춤이 신의 가르침이다 · 61

   23. 에고를 내놓는 것이야말로 참된 절이다 · 64

   24. 스승의 진정한 형상은 지고의 실재이다 · 66

   25. 일체에 편재하는 내가 어디로 갈 수 있는가? · 67

   26. 가르침의 최고 형태는 실제적 시범이다 · 69

   26(a). 속박의 원인 · 74

장면 7: 탐구의 본질 · 77

   27. '나'에 대한 탐구야말로 지知 탐구이다 · 77

   28. 존재의 의식은 본래적 상태이다 · 78

   29. 의식이 그 자신을 한정하여 개아가 된다 · 79

   30. 거짓 동일시 · 79

31. 하나의 의식이 두 가지 양상으로 보인다 · 82
32. 의식으로서 안주하는 것이야말로 자기순복이다 · 82
33. 따마스와 라자스의 배제: 자아의 상실 · 83
34. 주시자 상태가 우리의 본래적 상태이다 · 85
35. 몸의 행로는 운명에 따라서 정해질 것이다 · 86

장면 8: 의문 해소의 본질 · 91

36. 해탈에 두 종류가 있다고 하는 것은 말로만 의미가 있다 · 92
37. 돈오적 해탈만이 지고한 해탈이다 · 94
38. 그 수행방법은 죽는 법을 배우는 것이다 · 96
39. 자기를 놓치지 않고 있으면 모든 생각이 소멸된다 · 98
40. 한 생각의 출현도 본연적 상태에서 벗어났다는 징표이다 · 99
41. 원습의 소멸이 수행의 끝이다 · 100
42. 근본무지의 한계를 본 분들 · 102
43. 몸에 대한 집착을 소멸하는 것이 지고의 따빠스이다 · 103
44. 속박의 잔재를 찾아내어 그것을 완전히 소멸하라 · 103
45. 뛰어나게 겸허한 것이야말로 성숙한 이들의 장식품이다 · 105
46. 차별상을 보지 않는 것이야말로 참된 체험의 본질이다 · 107
  46(a). 진인의 성품과 행동 · 108

장면 9: 체험의 확고함의 본질 · 117

47. 존재의 의식과 신의 진리 · 117
48. 진아의식과 지고의 실재 · 118
49. 참된 지知와 무지 · 119
50. 내적 집착과 외적 집착 · 121
51. 형상 있는 마음과 형상 없는 마음 · 121
52. 끊임이 있는 상相과 끊임이 없는 상相 · 122
53. 완전한 안식과 완전한 노력 · 124

54. 형상 없는 마음과 세 가지 상태 · 125

　　55. 지복의 체험과 지복의 초월 · 126

　　56. 생전해탈자와 마음의 일어남 · 130

　　57. 브라마비드와 발현업 · 130

　　58. 발현업과 미래업 · 137

장면 10: 해탈의 본질 · 139

　　59. 마음의 명료함, 속박과 해탈 · 139

　　60. 최종적 해탈과 초월 · 141

기원문 · 144

맺음말 · 156

부록 1 : 아뜨마 기타 · 147

부록 2 : 띠루바루뜨 셀밤 · 161

참고 자료 1 : 사두 나따나난다 · 175

참고 자료 2 : 전환점 · 180

참고 자료 3 : 한 위대한 헌신자에게 바치는 찬사 · 182

용어 해설 · 185

옮긴이의 말 · 189

간행사

『스리 라마나 다르샤남』은 원래 1957년 사두 나따나난다 자신이 타밀어로 출간한 것이다. 1973년 이후로 이 저작은 스리 라마나스라맘의 출판물이 되었다.

『있는 그대로 존재하라(Be As You Are)』의 편자인 데이비드 가드먼이 이 최초의 영문판을 위해 텍스트를 편집하고 정리했다. 번역 자체는 벤까따 수브라마니안 박사가 하였다.

우리는 사두 나따나난다가 지은 두 편의 장시—「아뜨마 기타」와 「띠루바루뜨 셀밤」—도 포함시켰다. 이 시들은 몇 년 전 아쉬람 문서고에서 발견된 것으로, 이전에 타밀어로도 간행되지 않았던 것이다.

우리는 사두 나따나난다의 저작들을 이 책에 한데 모아 간행하게 된 것을 기쁘게 생각하며, 또한 구도자들이 이 책을 자신들의 진리 탐구에 유용하다고 느끼기를 바란다.

2002년 9월 1일(바가반 입산일)
띠루반나말라이에서
총재 V. S. 라마난

타밀어 초판 서문

진아 자체가 실재이니, 그 진아이신 당신께서
이 진리를 분명하게 드러내 주셔요, 오 아루나찰라.
— 「문자혼인화만」, 제43연

아루나찰라로서 빛나고, 위대한 존재들에 의해 그것이 곧 아루나찰라로 간주되는, 나뉨이 없는 **아뜨마-스와루빠**(Atma-swarupa)인 '무한한 은총-빛'의 광휘를 당신의 참된 성품으로 성취하신 분이 스리 라마나 바가반이시다. 침묵 속에서 친존親存의 힘을 통해, '존재하는 것'으로서 끊임없이 안주하시어 '존재하는 것'을 드러내신 저 **빠라마뜨마-스와루빠**(Atma-swarupa-지고아의 참된 형상, 곧 바가반)의 시선·미소·말씀·움직임—이 모든 것이 당신께 의지한 사람들의 심장에서 은총-의식이 일어나도록 끊임없이 촉발하였으니, 이는 많은 헌신자들이 알고 있고 체험한 진실이다.

그것을 듣는 행운을 가졌던 사람들을 향한 은총의 홍수로서 이따금 당신 안에서 솟구쳐 나온 신성한 말씀들 중에서 일부만이 기록되어 출판되었다. 이 신성하고 고귀하며 덕스러운 봉사에서 높이 평가되는 도구였던 소수의 복된 사람들이 있었으니, 본서의 저자인 저명한 헌신자 스리 나따나난다가 그 중의 한 사람이다. 지금은 『라마나 마하르쉬 저작 전집』 내에 한 자리를 점하고 있는 「영적인 가르침(Upadesa Manjari)」이라는 제목의 저작은 그가 바가반의 가르침을 모아 엮은 것으로, 바가반의 은총의 말씀을 심장 속에서 흡수하는 그의 지적인 예리함과 능력을 입증한다. 대화를 모은 그 책과 저자에 대해 스리 바가반이 높이 칭찬하여 말씀하셨다는 것을 많은 사람들은 알고 있다. 그런 미묘한 이해를 지녔던 사두 나따나난다는 스리 바가반의 가르침을 따른 끝에 궁극적으로 그 가르침의 참된 이익을 성취한 사람이 되었다. 이와 같이 자격을 갖춘 그가 스리 바가반의 성품·행위·말씀·방식 같은 고귀하고 덕 있는 많은 측면들을 신심 있게 표현한 본서를 통해서 바가반 헌신자들에게 기쁨을 안겨준다.

베단타 문헌들에 대한 저자의 해박함과, 보이거나 들리는 모든 것의 진리를 통찰하는 데만 오직 사용되는 그의 미묘한 지성은 이 책의 지위를 영적인 지침서의 그것으로 높여준다. 많은 탁월한 면모를 지닌 『스리 라마나 다르샤남』이라는 제목의 이 저작은, **진리를 본 사람, 지각, 확고한 의식, 다르마 준수, 순수한 존재의 상태, 진인의 말씀, 탐구, 의문 해소, 체험의 확고함, 해탈의 각 본질**이라는 10가지 범주로 정리된 60개 장으로 [바가반의 가르침을] 설명하면서, 탐구(*vichara*)를 닦는 덕을 지닌 사람들과 다른 모든 사람들에게 궁극의 성취를 명료하게 설하는 한편, 지고의 지복을 하사하는 잠재력을 지닌 존재-의식의 등불로서 빛난다.

사두 나따나난다는 그 자신이 보았고 그것에 의해 구원받은 스리 라마나 바가반의 참된 성품과 형상을, 이 책을 통해서 우리 모두가 친견할 수 있게 해준다.

의식의 빛이신 라마나의 은총의 두 발이 영원하며 번영하시기를!

1954년 4월 1일
스리 라마나스라맘에서
비스와나타 스와미

특별 서시 序詩

무루가나르

1. 완전한 지知의 힘을 통해 진인 라마나께서는,
   행위자라는 우리의 망상을 뿌리 뽑으셨네. 이것이
   우리가 해야 할 일을 다 했음을 우리에게 납득시킨
   당신의 방식이니, 우리 스승님의 위대함이 그와 같다네.

2. 침묵의 주님[다끄쉬나무르띠]이 그러했듯이, 우리 **주님**으로서
   우리를 관장하신 스승님의 신성한 삶과 가르침은 희유하여
   얻기 힘든데, 이를 통해 열망하는 이들이 은총을 알게 되니,
   그들의 번뇌는 소멸하고 그들은 존재-의식으로서 산다네.

3. 몸과 감각 기관을 붙들고 사는
   에고-마음의 망상을 완전히 소멸하는
   '위대한 라마나 친견親見'의 진리에 대한 체험을,
   진인 나따나난다님이 설하셨다네.

4. 실재 명상의 찬란한 빛으로 차오르는, 스승에 대한
   헌신이기도 한 은총을 통해서 그는, 탐구하고 마음을 제어하고
   심장 속으로 깊이 뛰어들어, 거기서 일어나는 참된 지知로
   마음의 가라앉음을 얻었고, 진아에 안주하는 드높은 이가 되었네.

5. 그는 **지고의 실재**에 대한 사랑일 뿐인
   지고의 헌신이라는 다르마를 수행한 고귀한 분이네.
   그의 심장은 지知의 길에 확고히 머물렀으니, 그것은
   다른 어떤 행위도 꼭 해야 하는 것으로 보지 않는다네.

6. 세계의 스승이신 우리 **주님**의 신성한 지혜의 말씀을
   세상 사람들은 물리지 않는 감로로 받아 마실 것이네.
   자비심에서 나오고 참된 사랑을 통해 설해진
   그 말씀들은, 혐오스러운 탐닉을 제거한다네.

서시 序詩

1. 인간의 형상을 하고, 순한 사슴을 미끼로 야생 사슴을 잡는
   분들의 계보에서 나오신 라마나의 진정한 형상을 나는 보았네.
   당신은 독특한 침묵의 시선을 통해서
   이 무력한 자를 의식으로 바꿔 놓으셨네.

2. '나'가 더 이상 존재하지 않는 곳에서, 나는 **주님**이
   나 자신의 진아임을 보았네. 헤아릴 수 없는 세월 동안
   에고로서 퍼져나간 '나는 몸이다' 하는 집착을 잃어버리면
   당신의 선물로서 우리가 당신을 뵙는다네.

3. 당신의 두 발에 의지하여 진아를 깨달은 나는
   성스러운 자들에게 신성한 수행을 하게 만드는
   힘을 가진 라마나의 가르침을 설함에 있어,
   라마나 자신의 자애로운 지지로 보호 받는다네.

4. "어떤 생각도 없이 **존재-의식**으로 안주하는 것만이
   지고자를 관하는 것이네." 바다의 파도처럼
   되풀이하여 일어나고 스러지는 에고-의식의 절멸이,
   우리 **주님**의 이 신성한 말씀의 진정한 의미라네.

5. 안으로 확장되며 물질의 전 공간을 집어삼키는
   심장공간을 보지 않는 저 모든 눈이 참된 지知의 눈이 되겠는가?
   존재-의식의 체험을 취하여 고요해진 마음이,
   미끄러져 내려가 다시 에고 의식이 되겠는가?

이 저작의 위대성

6. 실재가 완전한 진아일 뿐임을 깨닫게 하는 큰 힘을 가진
   '**라마나 다르샤남**'은, 무지라는 내면의 어둠을 제거하면서
   신적인 지知라는 자애로운 태양이 될 것이네.
   마치 외부의 해가 어둠을 몰아내듯이.

7. 스승의 은총이야말로 많은 신들의 은총이라고
   현자들은 말하고 있듯이, 무지의 어둠을 없애는
   위대함을 지닌 '**라마나 다르샤남**'은,
   수많은 책들의 핵심적 의미라네.

이 저작을 공부하는 이익

8. 안나말라이(아루나찰라)의 기슭에 지知 스승으로 나타나신
   지고의 라마나께서 우리에게 내면을 향한 시선을 안겨주셨네.
   당신의 자비로운 시선을 얻은 이들과 당신의 가르침 안에
   자리잡을 수 있는 이들은, 환생을 벗어나리.

9. 어둠으로 충만된 에고에게 꿈속에서조차 집착할 여지를

주지 않는, '**라마나 다르샤남**'에 확고한 헌신을 가진 이들은,
그들의 심장이 '나는 몸이다' 하는 무지에서 벗어나
뚜리야(*turiya*)의 본래적 상태 안에서 살게 되리.

헌사

10. 모든 표식을 초월하여 빛나시는 **참스승**(*Sadguru*) 라마나의
    자비로운 두 발에, 우리를 높여주는 실재의 은총으로 가득하고,
    이것을 공부하는 이들을 완전의 상태로 데려다줄
    '**라마나 다르샤남**'을 바칩니다.

스리 라마나 다르샤남

머리말

알파벳의 첫 글자가 '아(A)'이듯이,
세계는 그 근원으로 신을 갖는다. —『해탈정수』

우리가 세계를 지각하므로, 다수가 되는 힘을 가진
하나의 근원이 있다는 데 모두가 동의해야 하네. 「실제시 십송」

 이러한 지혜의 말씀들에서 추론되는 그 근원 혹은 원초적 본체의 본질은 무엇인가?
 그것은 상상적인 것인가, 아니면 그것을 볼 수 있는가?
 만약 그것을 볼 수 있다면, 누가 그것을 본 적이 있는가?
 그것을 본 사람은 그것을 남들에게 보여줄 수 있는가?
 신에 대한 이런 의문들이 우파니샤드 시대 이후로 계속 지적인 사람들을 사로잡아 왔다. 그 시대에, 당시 희생제의 불로서 숭배되던 신의 본질과 희생제를 통해 (사후에) 얻는 천상계의 본질에 대한 탐구가 시작되었다.

그 시대 이후로 늘 새로운 것을 추구하는 인간의 마음은 자신의 근원에 도달하려는 노력을 결코 멈춘 적이 없다. 이러한 노력은 소금인형이 바다의 깊이를 재려고 시도하는 것과 같다. 이 자살적인 시도가 성공할 때까지는 마음에게 구원이란 없으므로, 마음이 살아 있는 한 최종적 안식을 발견하지 못할 것이다. 사람들이 히말라야 봉우리를 오르거나 심해의 깊이를 재기 위해 목숨을 버리는 것도 마다하지 않는 것을 보면, 무한한 힘을 가진, 그리고 이 경이로운 우주의 지지물인 그 미묘한 본체를 알기 위해 무수한 생이 희생된다는 것이 놀라운 일이겠는가?

아루나찰라에 대한 옛 전설에서 브라마와 비슈누는 각기 이 **지고의 주**의 머리(꼭대기)와 뿌리를 한량없는 세월 동안 찾았지만 그것을 보지 못했다. 이 신화는 개아個我(jiva)가 '나'와 '내 것'을 유지하는 한, 설사 수천만 번 태어나면서 애를 써도 자신의 근원을 찾지 못한다는 위대한 진리를 비유적으로 들려준다. 우리가 자기 자신의 성품에 대한 직접적 체험, 곧 실재가 바로 자신의 진아임을 깨닫는 체험을 성취할 때까지는 확고한 항상적 지복을 얻기가 불가능하다. 이 체험을 얻는 것은 일체를 알고 일체를 성취하는 것과 마찬가지다.

많은 종교적 전통과 경전들은 무한한 만족에 이르는 길을 발견하기 위해 힘들게 분투해 온 지적인 사람들을 은총-의식을 통해 구원하려는 단 하나의 목적을 위해 생겨났다. 그러나 19세기 말엽까지는 이 머리말의 서두에서 제기한 세 가지 의문 중 마지막 의문에 대한 어떤 설득력 있는 답변도 나오지 않았다. 그 무렵 북인도에서 출현한 스리 라마크리슈나가 더 없이 치열한 구도자 스와미 비베카난다의 질문에 답하면서, 그 탁월한 의문에 적절한 답변을 제시하여 인류에게 다시 활력을 불어 넣었다.

그는 (자신의 스승) 또따뿌리(Totapuri)에 의해 브라만에 입문한 이후로 그 초월적인 완전의 상태에 늘 자리잡고 있었다.

그러나 이렇게 말하곤 했다. "삼매의 상태에서 내려와야 내가 말을 할 수 있다. 그 초월적 상태에서 내가 체험하는 것은 나의 진아, 곧 브라만이라고 하는 동일하고, 나뉘어 있지 않고, 완전하고 순수한 존재에 다름 아니지만, 이원성의 상태에서는 내가 성모님(칼리 여신)을 인격화된 은총의 형상으로 본다."

그는 다음과 같은 의미를 가진 시구를 인용하여 자신의 체험을 설명하곤 했다.

제가 몸이라고 느낄 때는 제가 당신의 종입니다.
제가 개아라고 느낄 때는 제가 당신의 일부입니다.
제가 진아라고 느낄 때는 제가 당신입니다.

(육체아 관념 안에서는 이원적(*dvaita*) 체험을, 개아 관념 안에서는 한정 비이원적(*visishtadvaita*) 체험을, 진아 관념 안에서는 비이원적(*advaita*) 체험을 한다.)

구도자의 근기에 따라 은총을 쏟아주는 데 달인이었던 이 뛰어난 스승은 스리 나렌드라[훗날의 스와미 비베카난다]가 신을 보려는 강한 열망을 보이자, 자비롭게도 나렌드라의 수준으로 내려갔다. 그가 나렌드라에게 베푼 지혜의 말씀은 최고 수준의 것은 아니었지만, 그 감로의 말씀들은 이 제자의 갈증을 일순간에 해소해 주기에 충분했다.

이와 같이 그는 "이원론의 이 희유한 가르침 자체가 비이원적 체험을 산출한다"는 따유나마바르(Thayumanavar)의 말씀을 보여준 것이다.

그 비베카난다는 나중에 그 비이원적 원리를 이렇게 분명히 했다. "실재를 볼 필요는 없다. 그것이 우리 자신의 진아라는 진리를 깨닫고 그 체험 안에 머무르는 것이 신을 보는 것이다."

나아가 그는 이렇게 덧붙였다. "일체를 신으로 보는 것이 마하 요가이다. 이 신적인 견見을 가진 사람들은 그들 자신이 신적이다. 이 진리를 가르치는 **참스승**은 그 자신이 그것의 증거이다. 그러나 헌신자들은 조건지워지고 제한된 소견 때문에 **참스승**의 참된 성품을 망각한다."

이와 같이 그는 **참스승**의 비밀스러운 진리를 설명했다.

이러한 가르침과 일치하여, 따유마나바르는 다음과 같은 자비로운 말씀으로 영적인 삶의 목표를 요약하였다.

'나'가 거짓이라고 말하는 것은 '내 것' 또한 거짓임을 뜻하고,
'너'가 거짓이라고 말하는 것은 '너의 것' 또한 거짓임을 뜻한다.
고요히 있음의 상태가 내가 사랑하는 것이다.

구도자들을 모든 방식으로 도와서, 이 완전의 상태가 그들의 심장을 지배하여 마침내 그것이 그들의 본연적 체험(*sahaja anubhuti*)이 되게 하는 것이야말로 이 책의 목표이다.

장면 1 : 진리를 본 사람들의 본질

1. 나는 신을 보았다. 신을 보여줄 수도 있다

나는 신을 보았다! 나는 그를 맞대면했다! 나는 그대들이 나를 보는 것만큼이나 분명하게 신을 보고 있다. 이 진리를 본 사람들은 그것을 남들에게 보여줄 수도 있다. 이러한 직접적 계시에는 어떤 의문의 여지도 없다.

이것은 스리 라마크리슈나가 베푼 은총의 말씀이다. 그는 이런 신적 계시로써 진아 깨달음이 진인들의 은총을 통해서 가능하다는 것을 보여주었다. 19세기 후반 남인도에서 출현한 바가반 스리 라마나는 진아의 태양으로 빛나면서 전 세계에 당신의 은총을 뿌려주는 한편, 스리 라마크리슈나를 한 걸음 더 넘어서서, 신을 보는 그 사람과 별개의 어떤 신도 없고, 그 자신의 존재를 자각하지 못하는 사람은 아무도 없으며, 우리 자신의 존재가 곧 신의 존재이고, 존재가 곧 진아이자 신이라고 가르쳤다.

신을 본 적이 없는 사람은 아무도 없습니다. 신을 보는 것은 모두에게 자연스럽습니다. 자연스러운 이 자기체험의 존재를 알지 못하는 것이야말로 무지입니다. 무지(*ajnana*)란 '몸이 곧 나다'라고 하는 자부심일 뿐이므로, 그 자부심을 제거하는 것이야말로 신을 얻는 것이고,

자기 자신을 아는 것이야말로 신을 아는 것이며, 신을 안다는 것은 진아로 안주하는 것일 뿐입니다. 스와루빠 체험(swarupanubhuti)이 곧 브라만 체험(Brahmanubhuti)이므로, 신과 진아는 다르지 않습니다.[1)]

바가반은 이렇게 선언하여 인간의 스와루빠(참된 성품)가 가진 신적 성품을 보여주고, 수까(Suka)와 같은 고대의 리쉬들에게도 희유하고 어려운 것으로 보였던 진아 깨달음(atma sakshatkara)이 우리 모두의 본래적 경험임을 부각시키는 한편, 모두를 구원하는 진지眞知(jnana)의 하사자로 빛나셨다.[2)]

2. 지고의 침묵을 보여주는 최초의 스승으로서

사람들이 야생 사슴을 잡을 때 흔히 길든 사슴을 보여주듯이, 마하데바(Mahadeva-시바)는 인간 세상을 구원하기 위해 많은 인간 형상을 취했다. 스리 다끄쉬나무르띠의 형상이 그 첫 번째였으니 이분이야말로 태초의 스승이었다. 그 옛날 그가 마우나무드라(maunamudra)[침묵의 수인手印]를 통해 자비롭게 드러냈던 진아지眞我知(swarupa jnana)는 현대에 이르러 한낱 경전 지식과 가식적 태도로 전락해 있었다. 인류는 자기기만에 탐닉해 있었고, 결과적으로 [브라만을 인식하지 못함으로써] 브라만을 죽이는 큰 죄를 지으려 하고 있었다. 이러한 안타까운 상황을 본 스리 다끄쉬나무르띠가 스리 마하르쉬로 화현하여, '침묵(mauna)이야말로 큰 말씀들(mahavakyas)의 의미'임을

---

1) "존재한다는 성품상 신과 영혼은 오직 하나의 본체일 뿐이네. 그들의 부가물인 지知만이 다르다네. 부가물들을 내버리고 자기 자신을 아는 것 자체가 신을 아는 것이네. 왜냐하면 그는 우리의 진아로서 빛나므로." —「우빠데샤 운디야르(가르침의 핵심)」, 제24, 25연.
2) "브라만은 항상 존재하지만, 그래도 마치 경전의 달인이 가르쳐 준 진아에 대한 탐구에 의해 새로 깨달아지는 것처럼 나타난다. 그러니 아들아, 우리가 늘 똑같이 무한한 존재임을 알고 평화롭게 머물러 있으라. —『해탈정수(Kaivalya Navaneeta)』.

당신 자신의 체험을 통해 드러내셨다. 이 진리를 많은 사람들이 알지 못하고 있지만 당신의 신적 화현의 비밀은 실로 그것뿐이다.

"원습原習(vasanas)의 모든 회오리가 소멸해 버린 침묵의 상태 아닌 다른 어떤 상태를 성취하는 것은 좋지 않다"는 『바쉬슈탐(Vasishtam)』의 언명과 부합하게, 스리 바가반은 침묵의 상태야말로 우리가 인간으로 태어나는 목적이라는 것을 늘 당신의 침묵을 통해서 가리켜 보이셨다. 나아가 당신은 마음을 초월하는 이 상태는 침묵에 의하지 않고는 묘사할 수 없다고 말씀으로도 설명하셨다. 침묵을 통해 그 지고의 진리를 드러내기 위해 화현한 큰 스승들 중에서, 태초의 스승 스리 다끄쉬나무르띠 다음에 오신 분이 스리 라마나이시다. 다끄쉬나무르띠의 축복을 받은 사람은 넷뿐이었지만, 스리 라마나는 늘 수천 명의 헌신자들에 둘러싸여 계셨다. 그 차이 이면의 신비를 탐색해 볼 가치가 있다.

3. 자기를 향한 시선과 은총의 말씀

지고의 상태는 오랫동안 마하르쉬(maharshis)나 마하무니(mahamunis-큰 성자들)와 같은 신적인 존재들의 전유물로만 여겨져 왔다. 그러나 바가반께 다가간 모든 사람들은 바가반에게서 그것을 쉽게 하사받았다. 고대의 구루들이 쓰던 가르침의 방식은 '내가 있다'는 느낌을 통해서 인간의 본래적 상태를 가리켜 보이는 것이었다. 바가반은 이 방법을 따랐을 뿐만 아니라, 자신들의 미묘한 통찰력으로 그것을 체험할 능력을 갖지 못한 사람들에게 그 본래적 상태를 설명해 주는 현대적 방법도 따르셨다. 사실 무수한 헌신자들이 당신을 자신들의 참스승으로 여긴 것도 그 때문이었다.

"당신의 친존(presence)에 오랫동안 머물렀는데도 당신의 은총을 뚜렷이 체험하지 못했습니다!"라고 불평하는 헌신자들에게 마하르쉬님은 다음과 같은 은총의 말씀을 하셨다.

바가반은 늘 은총을 하사하고 있습니다. 실재하는 것을 실재하지 않는 것으로 여기고, 실재하지 않는 것을 실재하는 것으로 여기는 것이야말로 무지입니다. 여러분 자신이 '나, 나'로서 본래적으로 늘 빛나고 있습니다! 그 존재-의식(being-consciousness)과 별개로 존재하는 것이 바가반입니까? '너'와 '나'의 구분은 몸을 향해 있는 주의에서 비롯됩니다. 만약 **자기주시**(Self-attention)를 통해 그것[몸에 대한 주의]이 그 자체 존재-의식으로 변환된다면, 그리고 실재가 오직 하나임을 깨닫는다면, '너'나 '나'를 말할 여지가 어디 있습니까? 있는 그대로의 진리를 깨달아 고요히 머물러 있는 것이야말로 스승의 은총입니다.

이와 같이 마하르쉬님은 인간의 진정한 성품을 이와 같이 설명한 다음, 즉시 시선을 고정한 채 고요히 머무르면서 당신이 방금 하신 말씀의 진리성을 보여주셨다.

4. 어디를 보든 우리는 신만을 본다

크리슈나·붓다·그리스도·무함마드와 같은 위대한 존재(mahapurusha)들이 3인칭[1인칭인 '나'보다는 그, 그녀, 그것]으로 설했고, 이제까지 인식범위를 넘는다고 여겨지던 **지고아**(Paramatma)에 대해, 마하르쉬님은 다음과 같은 설명을 통해 그것이 1인칭임을 드러내셨다.

의식이야말로 인간의 진정한 성품입니다. 자연적 상태에서 그는 아무것도 모릅니다. 왜냐? 존재하는 것은 오직 하나이기 때문입니다. 존재-의식이 그것의 성품입니다. 이것이 인간의 본래적 상태이므로, 비이원적이고 완전한 그 지고한 의식의 공간에는 이원성과 삼원성이 들어설 여지가 없습니다.

전체적으로, 자신의 참된 성품을 존재-의식으로 분명하게 인식하는 것이 진아의 학學입니다. 아무 한계가 없고 '타자성'도 없는 우리의 진정한 성품인 이 의식을 '지견知見(jnana-drishti)이라고도 하고 **진아지**(Atma-jnana)라고도 합니다.

지고아는 전체적이고 완전한(paripurna) 것으로 묘사되고, 전체성의 특징은 비이원성이자 무한계성이므로, **지고아**의 상태에서는 보는 자·봄·보이는 대상의 3요소가 실제로 존재하지 않습니다.

장면 2 : 지각의 본질

홀로 존재하는 신과 별개인 것은 아무것도 없다는 것이 사실이라면, 생시와 꿈의 상태에서 이름과 형상들의 세계가 나타나는 것은 어째서인가? 더욱이 모두가 경험하는 세계라는 겉모습은 실재하지 않고, 모호한 브라만은 실재한다고 어떻게 말할 수 있는가?

5. 최초에 보이는 것은 신이다

우리가 목격하는 대상들 그 어느 것도 의식에 속하지 않는다. 그것들은 그 자체로 자신들을 드러내지 않으며, 의식이 그것들을 비출 뿐이다. 이 의식이 진아의 성품이다. 이 의식은 그 자신의 힘으로 도처에서 항상 빛날 뿐만 아니라 세계를 비춘다. 스스로 빛나는 진아에서 방사되는 그 빛이 우리가 목격하는 최초의 것이다. 영화에서는 화면들을 나타나게 하는 순수한 빛이 먼저 보인 다음 장면들이 스크린 위에 나타나듯이, 생시와 꿈의 상태에서 세계라는 겉모습을 비추는 의식의 빛이야말로 지각되는 모든 목격 대상들 중 최초의 것이다.

우리는 햇빛과 불빛에 반사되어 빛나는 대상들을 보는데, 어떻게 진아의 빛이 그것들을 빛나게 한다고 말할 수 있는가? 꿈의 상태에서 진아의 빛이 장면들을 창조하면 그것을 주시하는 육안 없이도 그것들이 나타날 수 있다. 같은 진아의 빛이 내적 기관과 외적 기관[마음, 외적 지각기관 및 육신의 사지가 갖는 다양한 기능들]이 작동하는 토대이다. 진아, 곧 존재-의식이 그 것의 대상화 경향 때문에 현상계를 보는 자가 되고, 외적인 사물들 안에서 반사된 다음 그 자신의 반사물을 대상들로 보게 된다. 원물[빛의 근원]과 별개인 어떤 반사물도 없듯이, 보이는 것은 보는 자와 별개가 아니다.

베다는 선언한다. "실재는 하나이지만 현자들은 그것을 여러 가지 방식으로 묘사한다." "존재하는 모든 것은 **브라만**일 뿐이다." 이것은 '실재가 불가분한 하나'이며, '세계는 그 실재의 한 반영에 지나지 않는다'는 것을 의미한다.

6. 진인의 형상을 한 신성神性

바가반·마하르쉬·은총을 베푸는 스승·위없는 교사·신의 화현으로 헌신 자들이 우러러보는 스리 라마나이셨지만, 당신은 남들에게 늘 자신을 보통 사람으로 보여주셨다. 신적인 광채로 인해 인격화된 은총으로 나타난 마하르쉬님의 형상 자체가 모두의 가슴을 사로잡았지만, 극소수만이 그들의 조건지워지지 않은 견見을 통해 실제 있는 그대로의 당신을 볼 수 있었다. 그러나 당신의 외적 형상을 보는 것 자체만으로도 평안의 지복을 체험하기에 충분했다.

당신 자신과 다른 사람들에 대한 바가반의 견해는 자신의 진정한 성품을 모르는 보통 사람들의 그것과는 판이했다. 당신은 당신 자신의 진정한 성품을 아셨을 뿐 아니라, 다른 사람들의 진리도 분명하게 알고 계셨다. 당신은 다양한 기질을 가진 수천 명의 헌신자들 가운데서도, 늘 **지고아**에 대한 자각 안에 확고히 머물러 당신의 상태에서 조금도 벗어나지 않으셨다. 결국 당신은 모든 사람을 당신 자신의 진아로 보는 평등견平等見을 가지고 계셨다. 평등견이야말로 진아견眞我見(atma-drishti)이니, 그것은 인간의 형상을 한 신성神性의 증거이다.

진인의 은총의 시선을 받아 본 사람들에게는, 지고한 의식의 공간에서 방사되는 그 시선이 그들의 거주처이고 피난처이다. 바가반은 「나는 누구인가?」에서] 당신의 은총의 시선을 받는 사람들에게, "스승의 자비로운 시선이 가 닿는 사람들은 결코 버림받지 않을 것"이라고 한 당신 말씀의 진리성을 즉시 보여주셨다. 성스러운 갠지스 강물이 그것과 접촉하는 모든 사람을 정화하듯이, 진인의 신성한 시선도 그것이 닿는 모든 사람을 정화한다. 깨달은 이들은 비록 인간의 모습을 하고 있어도 성품상 실은 신적이라는 사실을 모든 면에서 모범적으로 보여주신 분이 마하르쉬님이셨다.

7. 자부심을 가지고 찾아온 이들이 석상처럼 움직이지 않았다

비非금속을 고귀한 금으로 변화시키는 힘을 지닌 '현자의 돌'처럼, 스리 바가반의 친존親存은 하근기의 사람들조차 복된 사람으로 바꿔 놓았다. 스리 바가반이 여러 해 묵언을 한 뒤 말씀을 조금 하기 시작하자, 식자층 사람들이 마치 만개한 꽃에 몰려드는 꿀벌들처럼 당신 주위에 모이기 시작했다. 베다를 배우듯이 베단타를 조금 배운, 그리고 자신을 브라만으로 선언하기 좋아하던 일부 자부심 있는 사람들은 바가반이 얻기 시작한 위없이 빛나는 지위를 보는 것이 견딜 수 없었다. 그런 시기심에서 그들은 논변으로 당신에게 수모를 안겨줄 의도를 가지고 당신의 친존을 찾아가곤 했다. 그러나 바가반의 시선이 그들에게 닿자마자, 그들은 마치 호랑이를 본 고양이처럼 깜짝 놀라 석상처럼 움직이지 않았다. 그들은 그런 상태에 오랫동안 머물러 있다가, 새로운 빛과 참회의 느낌을 얻고 큰 감동으로 당신의 용서를 구하곤 했다.

그들에게 자비로운 시선을 하사하던 스리 바가반은 미소 띤 얼굴로 그들을 위로하면서, "모두가 그로서 존재하고 있는데 누가 누구를 용서합니까? 자신에 대한 드로하(droha)[배반·해악·상해]를 피하기만 하면 구원을 얻기에 충분합니다."라고 말씀하시는 것이었다. 당시에는 그런 흥미로운 사건들이 이따금 일어나곤 했다.

'세계의 스승'으로 찬양받던 아디-샹까라(Adi-Sankara)[3]는 행위가 더 우월하다고 공언하던 많은 유명한 빤디뜨들[베다의 '행위편' 추종자들]과 다양한 다른 교파의 편협한 신봉자들을 뛰어난 지적 능력으로 복속시킨 것으로 잘 알려져 있다. 비이원론의 지식에서 필적하거나 능가할 자가 없었던 그는 일체지좌―切知座(sarvajna peeta)[일체를 아는 자가 앉는 자리]에 올랐다. 샹까라에게서 언설로 나타나 온 세상을 비추었던 그 은총의 힘과 똑같은 은총의 힘이, 스리 라마나에게서는 당신의 신성한 시선으로 나타나서 한 번의 가벼운 눈길만으로도 세상을 정화하는 지고의 빛으로 빛났다. 그 신성한 성품에서 두 힘 사이에는 털끝만큼의 차이도 없다.

8. 스승의 은총 없이 깨달음은 불가능하다

학문의 여신[사라스와띠]의 은총을 받은 가나빠띠 무니는 탁월한 지적 능력을 가지고 있었다. 모든 경전에 통달했고, 진언의 대가(Mantreswara)이자, 즉흥적으로 시를 지을 수 있는 까비야깐타(Kavyakantha)[시가 목에서 바로 흘러나오는 자]로 유명했다. 그의 언설 능력 때문에 학자들이 늘 그의 주위를 에

---

3) (역주) 비이원론으로 힌두교를 부흥한 8세기의 철학자이자 진인인 샹까라.

워쌌다. 그는 샤띠(Shakti)에 대한 숭배와 요가 수행으로 오신력五神力[창조·유지·파괴·은폐·해탈의 다섯 가지 신적 힘]을 확보할 수 있다고 확고히 믿어, 희유한 따빠스(tapas)를 하면서 여러 해를 보낸 사람이었다. 그는 엄격한 맹세를 지켰고, 그 과정에서 많은 경이로운 환영幻影을 얻었다. 어떤 인간도 자신의 참스승으로 받아들이지 않겠다고 굳게 결심했던 그는 오랫동안 누구에게도 절을 하지 않았다. 그런 대단한 사람조차 그에게 따빠스의 참된 본질을 가르쳐준 스리 라마나에게 결국 귀의했다면,[4] 마하르쉬님에게서 자연발생적으로 빛나고 있던 그 은총의 힘을 누가 온전히 이해할 수 있겠는가? 스리 라마나를 '마하르쉬'로, '바가반'으로 세상 사람들에게 선언한 사람이 바로 이 대단한 가나빠띠 무니였다.

---

[4] (역주) 사두 나따나난다는 본서의 원고를 쓸 때 가나빠띠 무니에 대해 더 자세히 서술했으나, 비스와나타 스와미의 의견에 따라 출판 전에 그 중 상당 부분을 삭제했다고 한다. 그러나 나중에 사두 옴에게 그런 자세한 내용들을 들려주었는데, 바가반이 가나빠띠 무니에게 따빠스의 본질을 설하는 장면은 다음과 같이 묘사했다.

가나빠띠 무니는 바가반께 자기를 소개한 다음, 자신의 문제를 설명 드렸다. "저는 모든 경전을 읽었고, 유명한 진언들을 염송했고, 수백 가지 고행을 했습니다. 하지만 깨달음을 얻지 못했습니다. 저의 따빠스가 오염되었습니까? 사람들은 저를 학식이 있다고 하지만, 저는 모르겠습니다. 당신께 귀의합니다. 저를 도와주십시오!
바가반은 한동안 그를 침묵 속에서 응시한 다음, 답변을 주셨다. "그 '나-나'가 일어나는 근원을 관찰하면, 마음은 거기로 가라앉을 것입니다. 그것이 따빠스입니다."
가나빠띠 무니가 즉시 대답했다. "진언염송을 통해서도 같은 결과를 얻을 수 있지 않습니까?"
바가반이 답변하셨다. "진언염송을 하는 동안 그 진언의 소리가 일어나는 곳을 관찰하면, 마음은 거기로 가라앉을 것입니다. 그것이 따빠스입니다."
이 사건을 전하는 모든 책에서는 단 하나의 질문과 하나의 답변이 있었다고 이야기하지만, 바가반이 직접 나에게 말씀하시기를 위에 나온 이야기가 올바른 것이라고 하셨다.
(출처: David Godman, *The Power of the Presence*(Part One), p.111.)

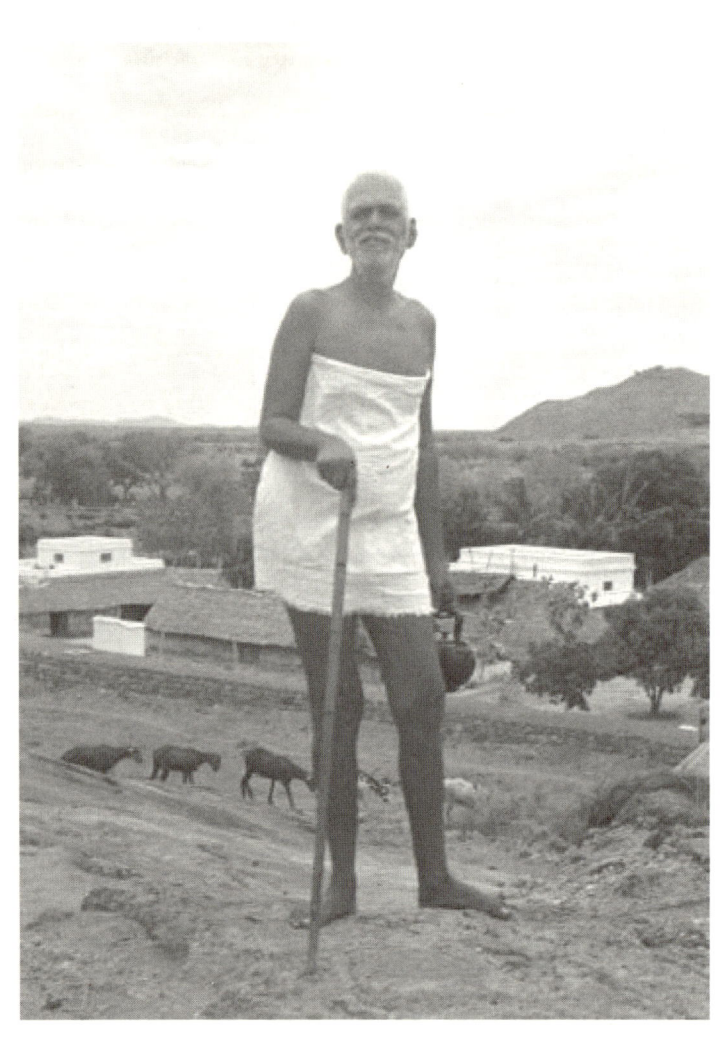

장면 3 : 확고한 의식의 상태의 본질

『바가바드 기타』에서 높이 찬양하는 확고한 의식의 상태(sthitaprajna)가 바가반에게는 평상적이고 애씀 없는 것이었다. 그래서 마치 해가 나 있기만 해도 열기를 흡수하는 일장석日長石과 같이, 마하르쉬님의 친견(darshan)을 얻는 것만으로도 수천 명의 헌신자들이 진아 깨달음의 상태를 성취했다. 다수의 친근한 헌신자들은 자신의 체험으로 이것을 알았다. 마하르쉬님의 친견으로 성스럽게 된 수많은 헌신자들 가운데는 동물도 많이 포함되었다.

9. 금수禽獸들도 체험한 지고의 고요함

새나 짐승과 같은 '하등'동물들도 위대한 분들(maha purushas)의 은총을 통해서 지고의 상태를 성취할 수 있다는 것을 바가반은 다음 사건을 통해 명백히 보여주셨다. 늘 진아안주(Self-abidance)의 명상적 상태에 머무르시며 은총을 발하시던 바가반이, 한번은 주의를 외부로 돌려 미소를 지으며 헌신자들 쪽을 향해 문득 다음과 같은 질문을 하셨다.

"락슈미가 지금 어떤 상태에 있는지 압니까?"

일찍이 이런 장면을 한 번도 본 적이 없는 헌신자들은 이 뜻밖의 질문에 어리둥절해 했다. 당신의 앞에는 움직이지 않는 채 고정된 표정을 한

암소 한 마리가 서 있었다.

늘 쾌활하신 바가반이 "그녀는 무상삼매(nirvikalpa samadhi)에 들어 있습니다."라고 하자 헌신자들은 놀랐다. 당신은 이 짧은 말씀으로 당신 은총의 비상한 힘을 드러내신 것이다.

애칭으로 락슈미라고 불리던 이 암소는 아쉬람과 인연이 깊었다. 평소처럼 락슈미가 마하르쉬님을 친견하러 와서 당신의 친존에 서 있으면, 바가반은 큰 애정으로 바라보고는 그녀의 머리를 쓰다듬어 주셨다. 이 접촉전수(hasta-diksha)[스승이 제자의 머리에 손을 대주는 전수]를 받은 결과 락슈미는 즉시 무상삼매의 상태를 체험했다.

흔히 짐승의 성품을 지닌 인간들은 많이 만날 수 있지만, 인간의 성품을 지닌 동물을 보기는 극히 드문 일이다. 바가반은 언젠가 락슈미의 성스러움을 지적하면서 이렇게 말씀하셨다. "우리는 그녀가 전생에 어떤 고행을 했는지 모릅니다. 그녀가 우리들 가운데 와 있는 것은 끝내지 못한 따빠스를 완성하기 위해서일지도 모릅니다."

그녀가 열반에 든 뒤 그 시신은 바가반이 계신 가운데 아쉬람 경내에 묻혔다. 무덤은 전통적인 방식으로 만들어졌고, 그 위에 기념비가 하나 세워졌다. 바가반께 귀의한 모든 이들 가운데 락슈미만이 바가반이 직접 쓰신 묘비명을 갖는 행운을 얻었다. 그때 바가반이 그녀가 해탈했음을 확언하면서 쓰신 내용은 이러하다.

"사르바다리 해 세 번째 달의 달이 차는 기간
비사카 별자리 아래 열 이튿날[1948년 6월 18일] 금요일
암소 락슈미는 해탈을 성취하였노라."

바가반의 은총을 받은 복된 동물들 가운데는 개·공작·다람쥐·까마귀와

같은 다른 동물들도 있었다. 실로 그 각 동물의 생애담은 놀라운 것이었다. 동물들조차도 바가반 친존의 비상한 힘에 의해 마음의 가라앉음을 성취한 것을 볼 때, 인간들이 그것을 성취했다는 것은 두말할 필요가 없지 않겠는가? 바가반 스리 라마나께서 아루나찰라에서 신적인 은총으로 화현해 계시던 반세기 동안 그런 사례는 무수했고, 바가반이 당신께 다가간 모든 이들에게 은총을 쏟아주신 방식은 무한했다.

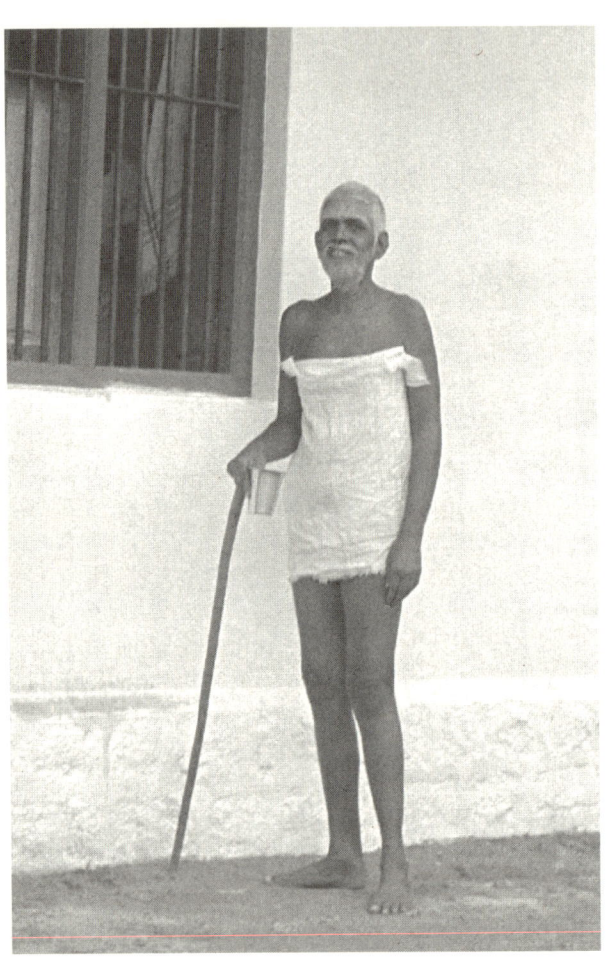

장면 4 : 다르마 준수의 본질

10. 전 세계를 매료시킨 고귀한 두 사람

　신적인 삶에 이르는 길을 보여주기 위해 많은 위대한 분들이 이 세상에 출현했다. 이런 현자들이 제시한 지고의 지복에 이르는 길들 중 으뜸가는 것은 행위 요가와 지知 요가이다. 우리 세대에 출현한 마하트마 간디와 마하르쉬 라마나가 이런 위대한 분들의 계보에 속한다. 진실·비폭력·사랑·희생·따빠스와 같은 신적인 특질의 저장소로 사셨던 두 분은 각기 재가자로서의 삶 속에서 실천하는 '행위 요가'와 출가자로서의 '지知 요가'를 모범적으로 보여주면서, 각기 다른 방식으로 세상 사람들을 올바른 길로 인도했다. 스와미 비베카난다 이후로는 이 두 분이 그들의 삶 속에서 고대 인도의 문화적·영적 가치를 보여줌으로써 전 세계에 이 축복받은 인도 땅을 유명하게 만들었던 것이다. 두 분 다 자기희생과 확고한 자각을 상징했는데, 이런 것은 아짜리야 비노바 바베(Acharya Vinobha Bhave) 같은 분들이 삶의 진리이자 우파니샤드의 핵심으로 높이 찬양하는 것이다. 이 위대한 존재들은 달과 해와 같이 불멸의 빛으로 빛난다. 저명한 물리학자 아인슈타인이 마하트마에 대해 "미래 세대들은 아마도 이런 분이 지구상을 거닐었다는 것을 믿기 어려울 것"이라고 한 말은 마하르쉬님에게도 똑같이 해당될 수 있다.

　스리 라마나는 순수 의식으로서의 진아 안에 늘 안주함으로써 진리를 가리켜 보였지만, 동시에 당신은 많은 사람들에게 그들의 환영幻影 속에서 신의 화현으로 나타나기도 했다.

"나는 모든 존재들의 심장 속에서 진아로서 빛나고 있으므로, 내가 숭배 받는 어떤 형상으로든 나는 바로 그 형상으로 헌신자들을 축복한다"고 자신의 헌신자들에게 보증했던 바가반 스리 크리슈나는 오늘날에도 헌신자들이 당신을 관념하는 어떤 형상으로든 그들에게 은총을 쏟아준다. 마찬가지로, 스리 라마나는 무루간(Murugan-수브라마니아)의 형상과 **참스승**의 형상으로 헌신자들의 환영 속에서 나타났다. 이런 형상들로 당신은 가르침을 주고, 은총을 쏟아주며, 그들의 바람을 이루어주셨다.

바가반을 친견하기 위해 폴란드에서 왔던 한 여성 헌신자의 다음 체험이 좋은 예가 될 것이다. 그녀는 한때 혼자서 스칸다쉬람을 보러 갔는데, 도중에 갈증을 느끼게 되었다. 갈증을 해소할 방법을 찾지 못한 그녀는 이렇게 생각하기 시작했다. '바가반이 전능하고 무소부재한 진아이시라면, 왜 여기 나타나서 내 갈증을 없애주지 않으시나?' 그런데 웬걸, 이런 놀라운 일이! 바로 다음 순간 바가반이 주전자(kamnandalu)에 물을 들고 나타나서 그녀의 갈증을 풀어주셨다. 이 사건은 실제로 일어났지만, 그때 바가반은 당신 자신과 관계되는 이 기적에 대해 조금도 알지 못한 채 아쉬람의 당신이 늘 앉으시는 자리에 앉아 계셨다는 점을 유념해야 한다. 그 여성은 독실한 기독교인이었고, 사람은 초능력을 가지고 있어야만 신성神性을 보여줄 수 있다고 믿었다. 그녀는 또한 순수한 사랑과 헌신을 가지고 있었다. 신이 '헌신의 그물에 걸릴' 수 있다는 것은 헌신자들이 체험하는 바이다.

헌신만을 참된 공양으로 받아들이는 바가반은 너무나 자비롭게도 그녀의 소견에 부합하게 그녀 앞에 나타나서 그 소망을 충족시켜 주셨다. 이 같은 사건들이 기적이기는 하나, 바가반 같은 진인들에게는 그런 것이 아무 쓸데가 없다. 그러나 그것이 다양한 기질을 가진 헌신자들의 헌신과 믿음을 증장하고 강화하는 데 큰 도움이 되는 것은 사실이다. 싯디(siddhis)와 위에서 말한 기적들 간에는 아무 연관성이 없다. 싯디는 노력을 통해 얻어지고 행위자 의식과 함께 행해지며, 따라서 유한하다. 그러나 이와 같은 사건들은 오로지 은총과 모두에게 내재한 신성의 힘으로 인한 것이다. 이것은 헌신자들의 소견에 따라 내면에서 반사되기 때문에 무한하다.

스리 라마나를 찾아온 어떤 사람들은 당신을 자신들의 모든 욕망을 이루어 줄 수 있는 애호신愛好神(ishta devata)으로 간주했다. 바가반은 일찍이 그런 은택(신이 베푸는 혜택)을 추구하는 이들에게 주의를 주면서 이렇게 말씀하시곤 했다. "이곳에는 어떤 싯디도 없습니다. 그러니 여기서 싯디를 얻겠다고 기다리다가 실망하지 마십시오." 당신은 늘 모든 종교의 근원인 진아에 자리잡고 계셨기 때문에, 시바교·비슈누교·불교·조로아스터교·이슬람·기독교와 같은 다양한 종교에 속한 사람들이 당신에게 귀의했다.

11. 여기서 작용하는 힘이 거기서도 작용한다

훗날 인도의 초대 대통령이 된 라젠드라 쁘라사드 씨가 간디지(Gandhiji-간디의 존칭)의 명으로 바가반을 친견하러 왔다. 그는 하직인사를 하기 전에 바가반께 겸손하게 여쭈었다. "마하트마(간디지)께서 저를 여기로 보냈습니다. 제가 그분께 전달할 수 있는 어떤 메시지가 있습니까?"

바가반은 그를 자비롭게 바라보며 대답하셨다. "심장이 심장에게 이야기하는데 무슨 메시지가 필요합니까? 여기서 작용하는 힘(sakti)이 거기서도 작용합니다."

바가반의 답변은 당신의 비이원적 지각에 기초한 것으로, 두 분의 신적 성품을 확언하는 분명한 증거이며, 동일한 신적 힘이 간디와 바가반 두 분의 심장 속에서 나타나고 있다는 것을 말해주었다. 다만 한 분의 경우 그것은 활동 쪽으로 향해 있었고, 다른 한 분의 경우 행위의 포기 쪽으로 향해 있었지만 말이다.

"오늘날 우리들 가운데 위대한 두 분이 살고 계시다. 한 분은 누구도 잠시도 가만히 있는 것을 결코 용납하지 않고, 다른 한 분은 누구도 단 한 순간도 '나'로서 일어나지 못하게 한다." '내 것'이 없는 마하트마의 자기희생의 삶과 '나'가 없는 마하르쉬님의 진지眞知(jnana)의 삶에 대해 시인들의 여왕 사로지니 데비5)가 한 이 경구적인 말이 마하르쉬님의 견해를 확인시켜 준다.

사로지니 데비가 처음 바가반을 친견하러 왔을 때 띠루반나말라이에서 한 연설의 일부는 주목할 만하다.

마음의 순수함에 기초한 마하트마의 오점 없는 삶과 조건지워지지 않은 존재에 기초한 마하르쉬의 지知의 삶은 각기 행위의 길과 지知의 길에 대한 하나의 주석입니다.

『띠루꾸랄(Tirukkural)』6)의 신성한 지혜에 따르면 "몸을 '나'로, 대상들을 '내 것'으로 여기는 미혹을 제거한 사람은 신들조차 미치지 못하는 드높은 상태에 도달한다"고 했습니다.

이 두 길은 수단이 다를 뿐 목적은 다르지 않습니다. 시대를 내려오며 출현한 영적 지도자들 가운데서 이 두 분만이 생존 중에 온 세상 사람들의 추앙을 받았습니다.

---

5) Sarojini Devi(1879~1949). 인도의 여류 시인, 독립운동가, 정치인.
6) (역주) 띠루발리바르(4세기?)가 지은 고대 타밀 경전, 법률서, 경구집.

장면 5 : 순수한 존재의 상태의 본질

세간의 다른 몇몇 지知 스승들처럼 스승-제자 관계를 인정하거나, 입문(diksha)을 베풀거나, 규칙과 규제 속에서 제자들을 훈련하는 것과 같은 어떤 전통적 관행도 마하르쉬님은 따르지 않았다. 관습적인 방식으로 가르침(upadesa)을 주지도 않으셨다. 단지 구도자들의 의문을 해소하면서 그들의 영적 성숙도에 상응한 조언을 해주실 뿐이었다.

"말을 하는 이들은 진아안주(nishta) 안에서 차분해지지 않을 것이고, 진아안주 안에 확고히 자리잡고 있는 이들은 [구두 가르침으로] 가르치지 않을 것이다."라는 따유마나바르의 결론이 잘 보여주듯이, 바가반은 늘 진아에 몰입해 계셨다. 그래서 어둠을 없애는 데는 빛이 있는 것으로 족하듯이, 무지를 없애는 데는 당신의 친견만으로 충분할 때가 많았다.

12. 당신 자신을 스승으로 여기지 않으면서 은총을 하사했다

스리 라마나는 옛날의 참스승들 이름으로 활동하는 다양한 영적 기관들에 만연한 관행과 겉치레의 어느 것도 따르지 않았지만, 늘 수많은 헌신자들에 둘러싸여 계셨다. 그러나 초기에는 사이비 베단타 학자들이 자기들끼리 바가반에 대해 이렇게 토론하곤 했다.

"라마나는 누구에게 무슨 가르침을 주나? 최소한 자신의 제자들에게는 규칙과 규제를 제시하나? 그가 다른 어떤 스승을 찾아가서 뭔가를 배우기라도 했다면 최소한 스승으로서의 몇 가지 특징은 가지고 있었을 것이다. 그는 학교를 다니던 학생 시절에 어떤 망상에 사로잡혔고, 갑자기 집을 떠나 아루나찰라에 왔으며, 머리를 깎고 샅가리개를 착용하기 시작했고, 여러 해를 묵언했다. 그게 전부다!"

"그는 청문·성찰 등의 자격을 제대로 갖추었나? 청문·성찰 등을 통해서 브라마니쉬타(Brahma-nishta)[브라만에 확고히 자리잡은 자]가 된 사람만이 참스승이 될 수 있다. 이 양반의 자격이 그렇게 빈약하다면, 그의 주위에 모여든 모든 바보들에 대해 우리가 무슨 말을 할 수 있나? 그래서 스리 라마나의 헌신자들은 모두 아무 규율이 없어 보이는 것이다!"

사이비 베단타 학자들의 이야기는 그런 식이었다.

또 어떤 이들은 이렇게 불평했다. "그는 아무것도 아는 게 없으니 그냥 침묵만 지키면서 시간을 보내고 있군. 나라도 그에게 뭔가를 가르쳐 줘서 그를 올바른 길로 들어서게 해야겠다."

어떤 사람들은 그런 자비로운 생각을 가지고 스리 라마나에게 가르침을 주기 위해 찾아왔다가 결국 당신을 그들의 **참스승**으로 받아들였다. 그것은 그들의 복이었다. 삿된 마음을 가지고 자신의 입문 수법으로 바가반에게 최면을 걸려고 온 이들도 있었다. 그러면 자신이 유명해질 거라고 생각한 것이지만, 실망하고 돌아가야 했다.

자신을 스승으로 여기게 만드는 것은 '나는 몸이다'라는 느낌의 형태를 한 무지이다. '스승(guru)'이라는 단어는 무지의 제거를 뜻하는데, 자기 자신의 무지를 제거하지 못한 사람이 어떻게 남들의 무지를 제거하는 **참스승**이 될 수 있는가? 확고한 진인(jnani)만이 스승으로서 우러러 받들어질 자격이 있다. 그런 사람은 에고가 없으므로 진아만을 지각하며, 피상적인 차별상을 알지 못한다.

『브라마 기타』에 따르면 "진인은 신에 다름 아니다. 그가 머무르는 곳에 머무르는 것이 해탈이다."

지知(jnana)에 확고히 자리잡고 있는 분을 생전해탈자(jivanmukta)로, 자신의 스승으로 여기는 사람들은 말벌-애벌레론7)에 따라 자신들의 명상의 힘을 통해 그분에 의해 축복 받을 것이 확실하다. 은총을 쏟아주는 이러한 방식은 태초의 스승인 주主 다끄쉬나무르띠가 보여준 것인데, 그는 지고의 침묵이라는 형상을 한 비이원적 지知를 참으로 구현했다.

궁극의 상태에 이르는 이 순수한 길을 부활시키기 위하여 스리 라마나가 그 자비로운 스승으로 화현한 것이다. '남들의 숭배를 받기 위해 스승으로 행세하는' 이들이 생각하는 특징들이 어떻게 스리 라마나에게 해당될 수 있겠는가?

바가반은 바로 처음부터 어떤 행위자 의식도 없는 상태를 유지하셨다. 당신은 누구에게도 결코 규율을 제시하는 법이 없었다. 당신은 성품상, 구도자들에게 권장되는 모든 행위 규율을 스스로 따름으로써 그들을 가르치셨다. 그러나 전적으로 당신에게 의지하는 사람들이 지나친 행동을 할 때는 결코 용납하지 않으셨다. 왜냐하면 사적으로는 자상한 말씀으로 그들을 바로잡으셨기 때문이다. 그들의 행동상의 결함들을 바가반이 공개적으로 비난하지 않는다고 불평하는 사람들도 있었다.

어떤 사람의 그런 불만을 아신 바가반은 그 문제에 대한 당신의 견해를 다음과 같은 은총의 말씀으로 밝히셨다. "누가 누구를 바로잡습니까? 신만이 모든 사람을 바로잡을 권한을 가지고 있지 않습니까? 우리가 할 수 있는 것은 우리 자신을 바로잡는 것뿐입니다. 그 자체가 곧 남들을 바로잡

---

7) (편주) 말벌의 애벌레는 말벌에게 물리는 것을 무서워한다는 속설이 있다. 애벌레는 늘 말벌을 생각하고, 또 실제로 물릴 수도 있기 때문에 결국 말벌이 된다.

는 것입니다."

바가반은 모두가 정도正道를 따라야 한다고 느꼈으나 남들을 바로잡는 것에 대해 결코 어떤 행위자 의식도 갖지 않으셨다. 붓다·샹까라·라마크리슈나와 같은 진인들은 본질적 성품에서 **브라만**으로 빛나고 있었지만, 그들은 헌신자들을 위해 어느 정도까지 순수한 행위자 의식을 스스로 떠맡았음을 그들의 전기가 말해준다. 그러나 바가반은 마지막 순간까지 그런 순수한 형태의 에고조차도 없이 초월적인 **지고자**로서 빛나셨다.

자부심을 가지고 자신을 '시바 요기'나 '지고의 진인'이라고 선언한 이들이 많이 있었다. 그러나 스리 라마나는 자신이 그런 거창한 주장을 결코 한 일이 없는 사람임을 보여주셨다. 하지만 후년에는 수천 명의 브라마니쉬타들(Brahma-nishtas)에 둘러싸였고, 다끄쉬나무르띠 자신으로 출현하셨다. 그 이면의 미묘한 이유들을 다음에서 탐색한다.

13. 부가물에서 벗어나 있기에 스승이 곧 신이다

신과 진인은 동일합니다.8) 자기 자신을 몸과 별개의 순수한 의식으로 아는 것이 신을 아는 것입니다. 신 의식은 우리의 진정한 성품, 곧 순수한 의식과 다르지 않습니다.9) 신을 안다는 것은 진아가 되는 것일 뿐입니다. **빠라브라만**(Parabrahman)과 진아에 대한 확고한 체험을

---

8) "신과 진인은 동일하다. 왜냐하면 그들은 '나'와 '내 것'에서 벗어나 있기 때문이다." —『해탈정수』.
9) "만약 존재(being)가 없다면 존재에 대한 어떤 관념이 있을 수 있겠는가? 마음의 개념에서 벗어난 것은 우리 자신 안에 있는데, 그것을 관할 자가 누가 있는가? 그것을 심장이라고 하거니와, 그것을 알고 존재로서 자기 자신 안에 머무르는 것이 곧 그것을 관하는 것이라네. —『실재사십송』.
"존재하는 것(실재)을 아는 다른 의식이란 없으니, '존재하는 것'이 곧 의식이라네." —『우빠데샤 운디야르(가르침의 핵심)』.

가진 진인은 동일한데, 그것은 부가물(upadhi-몸, 마음 등)에서 벗어난 존재-의식의 체험 때문입니다.

참스승의 진리에 대해 자비롭게 이런 설명을 해주신 바가반은 당신 자신이 이 진리의 변함없는 증거이셨다. 불의 형상을 한 해가 그 빛을 받는 일장석에서 그것의 불 성품을 산출하듯이, 의식-빛의 형상을 한 스리 라마나는 당신의 신성한 눈길을 받은 사람들의 심장 속에서 진아에 대한 의식을 산출하였다. 끊임없이 진아에 안주해 계신 당신의 친존에서는 진아체험이 자동적으로 얻어진다.

14. 친존의 위대함과 고요함의 충만

공기는 그 성품상 흠이 없지만 무엇과 어울리느냐에 따라 악취가 나거나 향기가 나듯이, 실제 성품에서 본질적으로 순수한 성질의 마음이 좋은 성질이나 나쁜 성질을 습득하는 것은 그런 성질들과 어울리기 때문이다. 현자들에 의하면 신적인 특징인 사뜨와(sattva)가 마음의 지속적인 성질인 반면, 악마적 특징인 라자스(rajas)와 따마스(tamas)는 부자연스러운 것이고, 따라서 변화될 수 있다고 한다. 또한 현자들과의 친교가 이러한 변환을 일으키는 수단이라고 한다. 자신의 체험으로 위의 진리를 깨달은 일부 헌신자들은 바가반의 친존에서 애씀 없이 체험되는 고요한 마음 상태가 다른 데서는 힘써 노력해도 얻어지지 않는다고 하면서, 당신의 친존에서 체험되는 그 평안을 다른 데서도 얻게 해 달라고 당신께 간청하기도 했다. 바가반은 마치 그들의 간청을 승인하듯이 이렇게 말씀하시곤 했다.

예, 예. 자개가 그것이 받는 빗방울을 진주로 변화시키듯이, 성숙한 이들은 **참스승**의 은총인 그의 신적인 시선을 받아서 구원됩니다.10) 그러나 미성숙한 이들은 스승의 친존에 오랫동안 머물러도 아무것도 깨닫지 못합니다. 그들은 귀중한 장뇌를 [그 가치를 모르고] 운반하는 당나귀와 같습니다.11)

스승의 은총은 치우침이 없습니다. 도처에 고르게 비치는 햇빛은 거울이나 물과 같은 미세하고 순수한 바탕에서만 반사되고 다른 물질에서는 반사되지 않듯이, 스승의 은총은 모두에게 평등하게 하사되지만 들뜨고 순수하지 못한 생각을 가진 순수하지 못한 마음의 소유자들은 거기서 평안을 얻지 못합니다. 하지만 그들도 스승의 친존에서 하듯이 다른 데서도 외부적 대상들과 어울리지 않는 상태에서 수행하면 언젠가 끊임없는 마음의 고요함을 성취할 수 있습니다.

이런 식으로 당신은 헌신자들에게 그들의 수행을 해 나가도록 격려하시곤 했다. 바가반 친존의 힘에 특별한 믿음을 가진 사람들이 오늘날도 당신의 삼매당에서 명상을 닦는 것을 볼 수 있다.

15. 헤매는 마음과 고요한 의식

항아리 속의 등불이 항아리의 한계 때문에 아무것도 비추지 못하듯이,

---

10) "더 이상 환생하지 않는 마지막 생에는 참된 지知가 쉽게 다가갈 것이다. 찬란한 대나무 진주가 대나무들이 모인 곳 아닌 데서 발견되겠는가?" —『냐나 바쉬슈탐(Jnana Vasishtam)』. (역주) 대나무 진주(bamboo pearl)는 오래된 대나무 줄기 안에서 나온다는 영롱한 보석이다.
11) "현자들과 친밀히 친교하는 것은 억만금을 주고도 살 수 없는 행운인데, 만약 그런 행운을 얻은 사람이 시간을 낭비한다면, 그는 미성숙한 마음을 가진 사람이다." —『날라디야르(Naladiyar)』.

지고아도 몸의 한계 때문에 자신의 진아의식(Self-consciousness)을 상실한 것처럼 보인다. 그러나 해가 존재하기만 해도 연꽃봉오리가 피어나듯이, **참스승**의 친존은 몸과 진아를 연결하는 매듭을 끊는다. 같은 **지고아**가 외부화될 때는 마음이 되고, 그 자신을 자각할 때는 자각으로 남는다. 따라서 진인과 무지인은 그들의 성품에서 각기 루비와 수정과 같다. 수정은 광채가 있지만 그것을 둘러싸고 있는 대상들의 색깔을 띠듯이, 무지인은 실제로는 자각이지만 '나는 몸이다'라는 관념을 취하거나 흡수함으로써 개아가 된다. 그러나 루비는 대상들이 있는 곳에서도 그 자신의 본래적 광채를 유지할 뿐만 아니라, 가까이 있는 대상들의 색깔을 그 자신의 색깔로 변화시킨다. 이 비유처럼, 진인은 진아에 대한 의식을 결코 상실하지 않을 뿐더러 그에게 다가가는 사람들을 그 자신으로 변화시킨다.

같은 진아의식이 움직임을 통해서는 마음으로 나타나고, 그것이 고요할 때는 의식으로 나타난다.

16. 은총과 오롯이 교류하는 것이 스승과 함께 사는 것이다

마음은 늘 감각 기관을 통해 작용하는데, 대상습對象習(vishaya vasanas-감각 대상을 향하는 원습)으로 인해 바람에 흔들이는 등불처럼 보인다. 만약 그 마음에 욕망이 없으면 고요한 공기 속의 등불처럼 움직이지 않게 될 것이다. 스승과 함께 사는 것이 이것을 성취하는 최선의 수단이다. 그러나 스승과 함께 산다는 것은, 일부 사람들이 생각하듯이 한 몸이 다른 몸과 친교하는 것이 아니다. **참스승**은 인간의 형상을 한 **브라만**이다. 그러나 구도자가 자신을 몸으로 여기듯이 스승을 하나의 형상으로 여기면, '몸이 나다' 하는 그의 관념이 사라지지 않을 것이다. 이 근본 문제가 소멸되지 않는

한 그 헌신자의 진정한 성품(swarupa)은 드러나지 않을 것이고, 속박이 끝나지 않을 것이며, 해탈은 얻어지지 않을 것이다. 따라서 구도자는 **참스승**을 조건지워지지 않은 지고의 **브라만**으로 숭배하는 수행을 해야 한다. 그 수행을 통해서 때가 되면 자신의 진정한 성품이 **참스승**의 참된 성품과 다르지 않다는 것을 깨닫게 될 것이다. 이 깨달음이 '몸이 나다'라는 관념을 제거할 것이고, 그 헌신자는 생전해탈을 성취하게 될 것이다.

본질적으로 구도자는―**참스승** 안에서 빛나듯이 자신의 안에서도 빛나는―진아에 대한 의식을 자비로운 스승으로 여기고, **자기주시**(Self-attention)를 통해 그것의 친존 안에 안주해야 한다. 이것이 곧 스승과 함께 산다는 것의 참된 의미이다.

장면 6 : 진인의 말씀의 본질

　대다수 보통 사람들이 삶을 종교적 부분과 세속적 부분의 둘로 나누어 각 부분별로 상이한 윤리적 행위기준을 따른다는 것은 잘 알려져 있다. 예를 들어 사원에서는 거짓말하기를 두려워하지만 법정에서나 다른 곳에서는 주저 없이 거짓말을 하는 사람들이 있다. 몸과 말과 마음의 모든 측면에서 외적인 삶의 정결함을 요구하면서, 혁명적인 가르침과 실천으로 그런 모든 비합리적이고 우스꽝스러운 일상적 삶의 면모들을 종식시킨 분은 간디지였다.

　인간의 삶이 지향하는 이상과 그것을 이루는 수단은 같은 것이어서 진실·정직·비폭력·극기·브라마짜리야(*brahmacharya*-독신 생활), 사회봉사와 같은 근본적 가치들의 실천에서는 세속적·정치적·영적 부문과 여타 부분으로 구분할 필요가 조금도 없으며, 이런 가치들은 삶의 모든 영역에서 총체적으로 준수되어야 한다. 간디지는 계명誡命으로는 물론이고 실천으로도 가르쳐 모든 사람을 짐승의 수준에서 인간의 수준으로 올려놓았다. 같은 방식으로, 마하르쉬님은 은총의 말씀과 당신의 모범적인 신성한 삶으로써 사람들의 내적인 삶, 곧 영적인 삶을 정화하셨다.

　힌두교는 참으로 위대하다. 그것은 모든 면에서 인간의 삶을 신적인 삶으로 변화시키며, 개인을 **빠라브라만**의 상태로 올려놓는다. 지금까지 그것은 산중과 동굴과 삼림에 국한되어 있었다. 모든 비밀 중에서 가장 성스러운 것으로서 감추어져 있었다. 영적인 삶에 전념하는 소수의 리쉬와 무니들(munis)만이 그것을 실천했다. 모두의 재산인 이 진아의 학^學(Atma vidya)을 감추어 두는 것은 더 이상 적절하지 않다. 이제 모두가 그것을 자신의 타고난 권리로서 지켜가야 할 때가 왔다. 이 비이원적 진리는 궁궐의 왕에서부터 움막에 사는 빈자들에 이르기까지 모두가 삶의 목표로서 따라야 한다. 그것을 실천할 때는 문맹·계급·성별―그 어떤 것도 고려사항이 될 수 없다.

스리 비베카난다가 수십 년 전에 천명한 이 베단타적 선언은 스리 라마나의 50년에 걸친 침묵―당신을 찾아온 모든 사람을 의식으로 빛나게 만든 침묵―의 삶에서 매순간 반향되었다.

많은 빤디뜨들은 **지고자**에 이르는 길을 영적인 범주·세속적인 범주·환적인 범주의 세 가지 범주로 나누는 습이 있어 이 세 가지 관점 중 하나로 같은 상황을 달리 해석하고, 결과적으로 서로 다른 결론에 이른다. 그러나 바가반은, 우리가 생각·말·행위에서 마음·말·몸이라는 도구를 통해 진실함을 지켜야 하듯이 영적인 길을 따를 때도 그 도구들이 모두 일체가 되어야 한다고 말씀하시곤 했다. 배운 것과 실천하는 것 사이에 어떤 이분법도 없어야 하고, 구도자의 생각·말·행위는 모두 그런 이상^{理想}에 의해 발동되어야 한다는 것이었다. 배운 내용이 비이원론과 '부가물 없는 상태'를 중심으로 한다면 실천도 이원론과 '몸이 나'라는 믿음에 기초해서는 안 되고, 안팎의 모든 기관이 동시에 진아에 전적으로 내맡겨져야 하며, 구도자는 어디서나 늘 순수한 의식으로 머무르는 법을 터득해야 한다고 하셨다. 바가반의 말씀은 늘 **실재**를 가리켜 보이셨고, 그것은 권위 있고 최종적인 말씀이었다. 당신의 말씀과 행위 하나하나는 나뉘지 않은 비이원적 상태를 변함없이 가리켜 보였다.

어떤 헌신자들은 '바가반이 원하신다면 누구에게든 최고의 상태를 하사하실 수 있을 것'이라는 그릇된 믿음을 가지고 있었지만, 스리 라마나는 헌신자들에게 브라만(진아) 깨달음을 위해서는 자기순복이 필수불가결하다고 하면서 큰 자비심으로 일상의 사건들을 통해 설명하시곤 했다. 당신은 이 요건을 충족할 수 있는 수단을 말씀하셨을 뿐만 아니라, 스승에 대한 공양·신에 대한 봉사·삿상(satsang) 등이 실은 에고의 순복을 의미한다고 강조하시기도 했다. 다음 사건들은 이 점을 잘 보여주는 사례이다.

17. 늘 마음을 고정하는 것이 스승에 대한 참된 봉사이다

아쉬람에서 휴일을 보내기 위해 먼 곳에서 찾아오는 헌신자들 중 일부는 아쉬람에서 곧잘 봉사활동을 하려고 했다. 그들은 늘 주의를 다양한 활동 쪽으로 돌려 마치 자신들의 소유물과 몸과 정신을 거기에 내맡긴 듯이 하루 종일 틈만 나면 활동에 몰두하곤 했다. 그리고 그런 봉사만으로도 구원을 얻기에 족할 것이라고 만족해했다. 그들의 그런 태도를 보실 때마다 바가반은 그들에 대해 이렇게 말씀하시곤 했다.

그들은 스승에게 봉사한다는 구실로 활동에 시간을 허비하다가 나중에 후회해서는 안 됩니다. 그런 사람들은 죽음을 앞두고 자신이 무지했던 것을 후회할 소지가 있습니다. 삿상의 목적을 한 순간도 잊어서는 안 됩니다. 아쉬람에 머무르고 있으면 다른 데서는 이루기가 더없이 어려운 진아 깨달음을 쉽게 얻을 수 있다는 믿음으로, 늘 자신의 참된 성품을 깨닫는 데 전념해야 합니다. 그것[진아 깨달음]에 관심이 없는 사람들이 이곳을 특별한 곳으로 여기는 것은 아무 의미가 없습니다. 헌신자들이 영적인 길에서 자신의 목표를 이루기 위해 노력함으로써 자기 자신에게 하는 영적인 봉사—그것이야말로 스승에게 하는 신성한 봉사입니다.[12]

당신은 이런 말씀을 통해, 마음을 고요히 하는 것 외에는 어떤 것도 당신을 즐겁게 하지 못하며, 감각 기관을 제어하여 마음을 가라앉히는 것이 당신을 찾아와서 얻는 진정한 이익이라는 점을 분명히 하셨다. 그러면서 헌신자들에게 늘 진아를 돌보도록 노력하라고 권하셨다.

18. 주의가 안으로 향하면 활동은 저절로 진행될 것이다

아쉬람의 상주자들 중 어떤 이들은 자신의 결함을 깨닫지 못한 채 아쉬람 활동을 떠맡았다가 나중에 "명상할 시간이 없다"고 불평하곤 했다. 활동을 그만두려는 사람들을 두고 바가반은 유머러스하게 이렇게 말씀하시곤 했다. "그것은 여러분이 명상할 시간이 없어서입니까, 고요히 있지 못해서입니까? 만약 고요히 있을 수 있다면 얼마든지 그렇게 하십시오! 그러면 아쉬람의 모든 활동이 어떻게 저절로 자연스럽게 진행되는지 보게 될 것입니다. 그렇게 하면 여러분이 자신의 따빠스로 인해 받는 도움이, 남들의 따빠스를 위해 자신이 베풀고 있는 도움보다 더 크다는 것을 알고 놀랄 것입니다."

이와 같이 마하르쉬님은 그런 경우가 생길 때마다 그들의 미성숙함을 점잖게 지적하셨다.

---

[12] "그대의 체험을 가로막는 세 가지 장애 없이 진아에 고정되는 것이 그대가 나에게 할 수 있는 최고의 보답이다." —『해탈정수』.

19. 마음을 개혁하는 것이 참된 봉사이다

서양에서 온 한 신사가 아쉬람 식당 밖에 널려 있던 엽반葉盤(음식을 놓아 먹는 나뭇잎)들을 치우고 있었다. 이때 우연히 그곳에 오신 바가반이 그 헌신자에게 그렇게 하는 목적이 무엇이냐고 물으셨다.

헌신자가 대답했다. "제가 아쉬람에 온 이후로 지금까지 아쉬람에 어떤 봉사도 할 기회가 없었습니다. 그나마 아무도 하지 않는 이런 하찮은 일이라도 하면 구원을 얻을 수 있을지 모른다는 생각에서 이렇게 하기로 한 것입니다."

바가반은 자비로운 눈길로 그를 바라보며 이렇게 말씀하셨다. "사용한 엽반을 청소하는 것이 구원을 얻는 수단입니까? 이 따빠스를 하려고 그 멀리서 여기까지 왔습니까? 가세요! 가세요! 이런 봉사는 그만큼 했으면 됐습니다! 안으로 들어가서 한쪽 편에 앉아 마음을 안으로 돌리고, 구원받고 싶어 하는 자가 누구인지를 발견하십시오. 심장을 정화하는 봉사야말로 최고의 봉사입니다. 그것만이 참으로 그대를 구원할 수 있습니다."

이처럼 바가반은 따빠스의 진리를 그에게 설명해 주셨다.

생전해탈자에게 봉사한 사람들은 시바·브라마·비슈누를 기쁘게 하기 위한 맹세들을 다 성취한 것으로, 그리고 자신의 생을 복되게 한 것으로 본다고, 고대의 경전들은 선언한다. ―『해탈정수』

오, 지고자시여! 당신께서 저를 당신의 헌신자들에게 봉사할 만한 사람으로 만들어 주신다면, 제가 지복의 상태를 자동적으로 성취할 것입니다. ― 따유마나바르

이런 말들은 진인들에 대한 봉사를 찬양하는데, 봉사에 들인 시간은 허비되는 것이라는 뜻을 내포한 바가반의 말씀이 의미하는 것은 무엇인가?

진인들에게 헌신의 마음으로 하는 봉사는 또한 그 결과를 염두에 두고 행해진다. 그 목적은 구원인데, 그것은 **참스승**의 자비로운 시선을 통해 얻을 수 있다. 스승의 은총은 내면의 따빠스에 의해서 얻어지는 것이지 외적으로 하는 봉사로 얻어지는 것이 아니다. 진아에 대한 숭배야말로 스승에 대한 숭배이다. 자신의 참된 성품에 대한 성찰의 형태를 띤 '스승에 대한 봉사'는 모든 장소와 모든 시간에 할 수 있다. 이 봉사를 하기 위해 필요한 것은 열의와 헌신이 전부이다.

다른 데서는 큰 노력을 통해서도 얻을 수 없는 저 **진아지**를 **참스승**의 신적인 친존에서는 한 번의 시선이나 한 마디 말씀으로 한 순간에 얻을 수 있다는 것은 사실이다. 자신이 선택한 형상의 신(애호신)에게서 어떤 은택을 얻기 위해 큰 따빠스를 하는 헌신자도, 그 신이 (은택을 베풀기 위해) 나타났을 때 만약 깜빡 잊고 은택 청하는 것을 빠트리면 그 따빠스의 열매를 잃는다. 마찬가지로, 어떤 헌신자가—그 헌신자를 브라만과 합일시켜 주는—**참스승**의 신적인 친존에 올 만큼 복이 있었다 하더라도, 영원한 삶을 얻을 그 귀한 기회를 활용하지 못하면 귀중한 인연을 허비하게 될 것이다. 따라서 몸의 팔다리가 봉사행위를 하고 있을 때에도 마음은 진아 안에 자연스럽게 뿌리 내리고 있어야 한다. 실은 이것이 바가반이 당신의 말씀 속에서 전달하려고 하신 것이다.

어떤 사람은 물을지 모른다. 최소한 얼마 동안이라도 마음을 정화하기 위해 오롯한 마음으로 스승께 봉사하는 것은 좋지 않느냐고. 그러나 그런 봉사를 하기 위해서도 그럴 만한 자질이 필요하며, 그래서 따유마나바르 같은 사람들도 **주님**(절대자로서의 신)에게 자신들을 그분의 헌신자들에게 봉사할 만한 사람으로 만들어 달라고 기원하는 것이다.

20. 스승의 두 발을 만지는 것의 진정한 의미

신심이 많은 한 여성은 바가반을 친견하러 당신의 친존에 올 때마다 전통적인 숭배 의식을 행했다. 바가반 앞에서 오체투지하고 당신의 두 발을 만진 다음, 그 발을 만진 두 손을 자신의 눈에 갖다 대곤 했다. 그녀가 매일 그렇게 하는 것을 보신 바가반은 어느 날 이렇게 말씀하셨다.

그대의 **심장** 속에서 실재로서 늘 빛나고 있는 **지고아야말로 참스승**입니다. 내면으로의 비춤인 '나'로서 빛나는 그 순수한 자각이 그의 자비로운 두 발입니다. 이것[내면의 성스러운 두 발]과의 접촉만이 그대에게 참다운 구원을 안겨줄 수 있습니다. 그대의 개인성 의식(*jiva bodha*)인 반사된 의식(*chidabhasa*)의 눈을 진정한 의식인 그 성스러운 두 발과 연결하는 것이 발과 머리의 합일이며, 그것이 '아시(*asi*)'라는 말의 진정한 의미입니다.13) 이 내면의 성스러운 발은 자연스럽게 끊임없이 붙들 수 있는 것이니, 내면을 향한 마음으로 그대 자신의 진정한 성품인 그 내적 자각을 붙드십시오. 이것이야말로 속박을 제거하고 지고의 진리를 성취하는 올바른 길입니다.

바가반은 그 여성 헌신자의 자연적 경험을 원용하여 개아를 브라만에 합일시키는 자비로운 발의 참된 의미를 드러내신 것이다. 성숙한 이들은 이 발에 애착해야 한다. 이런 말씀으로 바가반은 '자기보기(Self-sight)', '은총의 시선', '지고의 자각', '진정한 성품의 깨달음(*swarupa sakshatkara*)'과 같은 용어들의 내적인 의미를 분명히 하셨고, 그래서 세속인들도 당신이 말

---

13) (편주) 이것은 '그대가 그것이다(*tat tvam asi*)'라는 큰 말씀(*mahavakya*)을 가리킨다. Asi는 '이다'라는 뜻이다. 바가반의 비유는, 개인성이 순수한 의식이라는 '성스러운 두 발'에 합일될 때 내적인 존재의 상태가 드러난다는 것을 말해준다.

씀하시는 뜻을 이해할 수 있었다.

21. 진아의 체험이야말로 참된 은사물이다

띠루물라르14)에 따르면, 깨달은 사람이 먹은 음식의 웃찌스땀(ucchistam) [식사한 뒤 엽반에 남은 음식]을 먹으면 해탈을 성취할 수 있다고 한다. 웃찌스땀에 대한 그런 말들의 내적인 의미를 깨닫지 못한 채 웃찌스땀이야말로 스승의 은총이라고 믿고 대중공양(bhiksha)을 준비하곤 하던 사람들이 있었다. 그들은 헌신의 열의로 금식을 하면서 바가반이 식사하시고 난 엽반을 기다렸다. 이런 관행에 특별한 믿음을 가진 헌신자들은 누구도 실망하는 일이 없도록 하기 위해 (엽반을 갖는) 순번을 미리 정하기도 했다. 스승의 쁘라사드(prasad-헌신자가 공양 올린 음식물을 다시 나눠주는 것)가 의미하는 진리를 깨닫지 못한 채 거짓 웃찌스땀을 얻으려고 금식하는 헌신자들의 이 무의미한 믿음을 깨트리기 위해, 바가반은 언젠가 이런 말씀을 하셨다.

진아의 체험을 가진 진인들의 축복을 받는 것, 그것이야말로 은총으로 가득 찬 쁘라사드를 받는 것입니다. 이것[진아의 체험]은 신성한 진아로서 무한한 만족과 함께 빛나는 진인들의 본연적 체험인 존재-의식입니다. 얻기가 매우 힘든 이 감로를 조금만 얻어도, 그 사람은 바로 그 순간 무한한 마음의 평안을 직접적인 체험으로 얻게 될 것입니다. 만약 이것[이 상태나 체험]을 떠나서 밥·비부띠(힌두들이 이마에 바르는 신성한 재)·과일·꽃과 같은 공양물만 스승의 쁘라사드로 받는 데 만

---

14) (역주) Tirumular(연대 미상). 남인도의 63인 시인-성자 중 한 사람. 그의 저작인 「띠루만띠람」은 샤이바 싯단타(Saiva Siddhanta)의 주된 경전인 『띠루무라이』의 한 부분을 이룬다.

족한다면, 결국 실망하게 될 뿐입니다.15)

이와 같이 바가반은 스승의 은사물의 진정한 본질을 설명하신 다음, 그 자리에 있던 모든 사람에게 은총의 시선—당신의 은사물—을 뿌려주어 그들을 브라만적 지복의 바다에 잠기게 하는 것으로 그들을 축복하셨다.

22. '내가 있다'는 비춤이 신의 가르침이다

자비로운 시바 지자知者(Siva jnani)16)로 오신 당신께서는 묘사할 수 없는 생명의 숨결을 통해 큰 지복의 진리를 저에게 선물하셨습니다. 지고한 공간의 주님으로 출현하신 당신께서는 지知의 신비로운 음音을 드러내어 저를 마음에서 벗어나게 해주셨습니다. 차오르는 위없는 지복의 성취를 저에게 안겨주셨습니다. 더욱이 당신께서는 의식의 공간이 되시어 저를 당신 자신의 것으로 만드셨습니다. 그런 다음 요가적 길을 닦기 위한 하나의 상징을 주셨습니다. 나무껍질을 두른 브라민으로 오신 당신께서는 비염송非念誦(ajapa)[저절로 진행되는 염송]의 탁월함을 저에게 가르쳐 주셨습니다. 그 뒤에는 침묵하시는 분으로서 저를 '고요히 있음'의 길 위에 고정시켜 주셨습니다.

—따유마나바르

제가 정말 따빠스를 해서 '시바야 나마(Sivaya nama)' 진언을 염할 권리를 얻은 것입니까? —『띠루바짜깜(Tiruvachakam)』

---

15) (편주) '실망'을 뜻하는 타밀어 단어는 '속임'의 의미도 있으므로, 이 문장은 우리가 물질적 공양물만을 스승의 은사물로 받게 되면 자신을 속이는 것이라는 의미도 갖는다.
16) (역주) '시바에 대한 지知를 얻은 사람'. 시바에 대한 지知는 곧 진아지를 말한다.

해탈 5음절(*mukti panchakshari*)[17]의 길을 따르면 (신과의) 합일은 확실한 것이라고, 그분은 당신께 다가간 사람들에게 말씀하셨네.

— 아룰라이야르[18]

신성한 학學에서는 참된 지知에 드는 입문入門 수단으로 진언·큰 말씀·수인手印(*mudras*)과 상상해낸 상징들을 묘사한다. 여기에는 진인들도 동의한다. 고대의 스승들 이름으로 운영되는 많은 승단僧團 전통에서나, 브라마 사마즈(Brahma Samaj)[19]·신지학회 등 종교단체들에서는 다양한 방식으로 우빠데샤(*upadesa*-가르침)를 베푼다. 바가반께 다가온 사람들 거의 모두가 그런 행법과 가르침을 연관시키는 데 익숙했던 탓에, 당신에게서 어떤 구두 가르침을 얻기를 열망했다.

『냐나 바쉬슈탐』[20] 같은 책에서는 '그대가 일체인 **브라만이다**'라는 큰 진리는 제자의 성품을 철저히 점검한 뒤에야 가르쳐야 한다고 말한다.

늘 순수한 존재 안에 자리잡아 에고 없는 (즉, 무아의) 상태에 영구히 머무르고 계신 바가반은 그 지고의 상태에 대한 외적인 가르침을 청하는 사람들에게 다음과 같은 은총의 말씀을 베푸셨다.[21]

지知는 밖에서 오지도 않고 다른 사람에게서 오지도 않습니다. 그것은 각자가 자신의 **심장** 속에서 깨달을 수 있습니다. 모두의 지知 스승은 각자의 **심장** 속에서 '내가 있다, 내가 있다'는 존재-의식을 통

---

17) (역주) '나마 시바야'나 '시바야 나마'의 염송은 사람을 해탈시키는 힘이 있다는 뜻이다.
18) (역주) 아룰라이야르(*Arulaiyar*)는 따유마나바르의 상수제자이다.
19) (역주) 1928년에 람 모한 로이에 의해 시작된 사회개혁, 힌두교 부흥운동 조직.
20) (역주) *Jnana Vasishtam*. 비이원론의 고전인 『요가 바쉬슈타』를 축약하여 타밀어로 옮긴 판본. 약 3백 년 전에 번역되어 필사본으로 전해지다가 1843년에 첫 인쇄본이 간행되었다.
21) 바가반께 전날 당신이 해주신 어떤 설명에 대해 여쭈면 가끔 이렇게 말씀하시곤 했다. "누가 그렇게 말했나요? 제가 그런 말을 했습니까? 저는 그 말을 한 기억이 없습니다!"

해 늘 그 자신의 진리를 드러내고 있는 **지고아**일 뿐입니다. 그가 존재-의식을 하사하는 것이 지知에의 입문입니다. 스승의 은총이란 우리 자신의 참된 성품인 이 **자기자각**(Self-awareness)일 뿐입니다. 그는 그 존재-의식에 의해 자신의 존재성을 끊임없이 드러내고 있습니다. 이 신성한 우빠데샤(*upadesa*)가 모두의 안에서 자연스럽게 늘 이루어지고 있습니다. 이 우빠데샤야말로 자기 자신의 경험을 통해 진아가 본래 성취되어 있음을 드러내는 것이므로, 성숙한 이들은 지知 우빠데샤(*jnana upadesa*)를 얻기 위해 한 순간도 외부 존재들의 도움을 구할 필요가 없습니다. 소리·몸짓·생각과 같은 형태로 외부인에게서 얻는 우빠데샤는 모두 심적인 개념일 뿐입니다. '우빠데샤[*upa+desa*]라는 단어의 의미는 '진아 안에 안주하기' 혹은 '진아로서 안주하기'입니다. 이것은 우리 자신의 진정한 성품이기 때문에, 우리가 밖에서 진아를 추구하는 한 진아 깨달음은 얻을 수 없습니다. 여러분 자신이 **심장** 안에서 존재-의식으로서 빛나고 있는 **실재**이므로, 이와 같이 여러분 자신의 참된 성품을 깨닫고 나서 늘 반야안주자(*sthita prajna*)[지혜 안에 자리잡은 재로 머무르십시오. 진아 체험 안익 이 확고한 안주를 우파니샤드에서는 '큰 말씀들의 취지'·'위없는 침묵'·'고요히 있음'·'마음의 가라앉음'·'참된 성품의 깨달음'과 같은 용어로 묘사합니다.

이것이 대개의 경우 바가반이 은총을 하사하시는 통상적 방법이었지만, 예외적으로 한번은 한 하리잔(*harijan*)[불가촉천민] 헌신자에게 진언을 하나 주시기도 했다. 바가반을 자신의 지知 스승으로 여기고 큰 신심으로 숭배하고 있던 이 헌신자는 당시의 지배적인 사회관습에 따라[22] 먼 거리에서

---

22) (편주) 계급외인(하리잔)들이 바가반께 다가가는 것을 금하는 어떤 규칙도 없었다. 그러나 당시 대다수 힌두 사원들이 계급외인들의 출입을 금하고 있었기 때문에, 이 헌신자도 아마 스리 라마나스라맘에서 그런 규칙을 시행하고 있으리라고 생각했을 것이다.

매일 당신을 친견하곤 했다. 여러 날 동안 이것을 보신 바가반이 그를 불러서 가까이 오라고 하셨다.

그의 훌륭한 신심 때문에 큰 자비심으로 가슴이 녹은 바가반은 그에게 자비로운 시선을 베풀고 나서 말씀하셨다. "늘 '시바, 시바'를 계속 명상하십시오. 꿈속에서도 이것을 결코 잊지 마십시오. 이것 자체가 그대를 축복받게 할 것입니다." 이와 같이 당신은 해탈진언(*mukti panchakshara*)을 그에게 입문시켜 주며 축복하셨다.23)

원초적 스승 다끄쉬나무르띠가 찐무드라(*chinmudra*)[의식의 수인手印]를 통해서 가르친 브라만의 지知(*Brahma vidya*)[브라만에 대한 지知 혹은 학學]는 나중에 많은 큰 스승들에 의해 말로 설명되었다. 그러한 큰 스승들 중에서도, 모두의 자연적 체험을 들면서 진아야말로 모두의 궁극적 스승이라고 주장하신 바가반 같은 분을 만나기는 극히 희유한 일이다. 진아는 모두의 **심장** 안에서 존재의 의식으로 빛난다. 바가반은 에고의 완전한 소멸만이 깨달음이고, 당신의 방법, 당신의 우빠데샤는 곧 '내가 있다'는 자연적 체험이라고 가르치셨다.

23. 에고를 내놓는 것이야말로 참된 절이다

마하르쉬님의 친견을 얻으러 온 사람들 중의 일부는 전통적인 방식으로

---

23) 『박따 비자얌(*Bhakta Vijayam*)』에서 까비르 다스는 라마난다가 자신을 어떤 진언에 입문시켜 주기를 원했다고 한다. 그러나 카스트 제한 때문에 라마난다에게 직접 접근할 수 없었다. 그래서 그는 입문을 얻기 위해 어두울 때 강가(갠지스)의 둑에 누웠다. 라마난다가 아침 목욕을 하러 왔을 때 그의 두 발이 저절로 까비르에게 닿았고, 접촉할 때 '람 람(Ram Ram)' 하고 말했다. 까비르의 소원이 이루어졌으며, 그는 구원 받았다. 이와 같은 사건들에서 은총이 쏟아지는 것은 그 성숙한 자들의 믿음의 결과이다. 그런 믿음이 있는 곳에는 어디든지, 행위자 의식이 없는 진인들을 통해서 신성한 힘이 나타난다.

팔지정례八肢頂禮(ashtanga namaskaram)[24]를 하곤 했다. **참스승의 은총을 원하는 사람들은 필히 경건하게 이 절을 해야 한다고** 그들은 믿고 있었다.

영적인 삶에서 어떤 행법을 그 내적인 의미를 모른 채, 또 그 열매를 경험하지도 못하면서 기계적으로 준수하는 것만으로 축복을 받지는 않는다는 점을 분명히 인식시키기 위해 바가반은 그런 한 헌신자에게 이렇게 말씀하셨다.

스승에게 절을 해서 얻는 이익은 에고를 없애는 것뿐입니다. 그것은 완전한 순복으로써가 아니면 얻지 못합니다. 각 헌신자의 **심장** 속에서 자애로운 스승이 의식의 형상으로 친견을 베풀고 있습니다. 순복한다는 것은 가라앉은 에고—이름-형상에 대한 생각—를 침묵 속에서 아한-스푸라나(aham-sphurana)['나'의 광휘]에게, 자애로운 스승의 성스러운 참된 두 발에게 내놓는 것입니다. [그렇기] 때문에 진아 깨달음은 몸이 하는 절로써는 얻을 수 없고, 에고가 하는 절로써만 얻을 수 있습니다.

바가반은 절의 의미를 이같이 설명하고, 나아가 만일 수행이 어김없이 결실을 산출하려면 그 행법의 목적을 온전히 자각하면서 그것을 해야 한다고 설명하셨다.

---

24) (편주) *Ashtanga*는 '八肢(몸의 여덟 부분)'라는 뜻이고, *namaskaram*은 신체적인 존경의 동작이다. 팔지정례를 할 때는 두 손을 머리 위로 하고 바닥에 완전히 엎드린다. 두 다리, 두 팔, 두 귀, 이마와 턱의 여덟 부분이 동시에는 아니라 해도 모두 바닥에 닿아야 한다. 두 귀가 동시에 바닥에 닿기는 신체적으로 불가능하므로, 머리를 돌려가며 '머리 사지'라고 하는 네 부분이 바닥에 닿게 한다.

장면 6

24. 스승의 진정한 형상은 지고의 실재이다

바가반은 스승에 대한 봉사가 최고의 따빠스라는 믿음으로 당신께 봉사하는 데 시간을 보내는 친밀한 헌신자들의 영적인 복지에 대해 특별한 관심을 기울이셨다. 당신에 대한 봉사의 목표는 외적인 일에 몰두해 있는 헌신자들의 마음이 비진아에 대한 주의에서 서서히 물러나 진아에 주의를 기울이는 것이어야 한다고 느끼셨다. 마니까바짜가르가 "다가가고 다가가며, 원자가 될 때까지 닳아져서 마침내 그분과 합일하는 것"이라고 묘사한 방법을 통해 그 헌신자들이 당신과 하나가 되는 것이 그들의 궁극적 목표여야 한다고 보신 것이다.

당신은 이것을 설명하기 위하여 모든 기회를 가르침의 계기로 삼았고, 당신의 몸을 가리키면서 종종 이렇게 말씀하셨다. "여러분은 이 거짓 형상이 저의 참된 형상이라고 믿고 있습니다. 만일 이 가짜 라마나를 참스승으로 여긴다면, 이것의 목숨이 다해 사라질 때 실망하게 될 것입니다.[25] 그때 저를 탓하지 마십시오. 저는 해야 할 말을 했습니다. 장차 이것을 기억하든 아니면 무시하든, 그것은 여러분에게 달렸습니다."

이것은 진인들의 이러한 말과 부합한다. "한 마디 말로써 그분은 나에게, '나'와 '그'를 구분함이 없이 머무르라고 하셨네."

바가반은 스승의 참된 형상인 **지고의 실재**를 붙드는 것이야말로 신에 대한 참된 봉사라고 강조하셨다. 우리는 신과 별개라는 느낌 없이 자신의 진아인 신에 대해 끊임없이 명상해야 한다.

한번은 아쉬람 인근에 사는 한 헌신자가 바가반을 처음 친견하러 왔다. 그가 바가반께 다가갔을 때, 당신은 늘 앉으시는 곳에 있지 않고 헌신자

---

[25] "만일 몸에 대한 집착을 가지고 명상하면 몸과 동일시될 것이다. 그러나 탄생을 끝내기 위해 스와루빠에 대해 명상한다면, 아들아, 그는 그것이 될 것이다." —『해탈정수』.

들과 함께 어떤 일을 하고 계셨다.

당신이 바가반인 줄 모른 방문객이 당신께 여쭈었다. "라마나는 어디 계십니까?"

바가반은 즉시 미소를 띠며 대답하셨다. "라마나요? 여기 있네요!" 그러면서 '라마나'라는 이름이 새겨진 놋쇠 그릇 하나를 가리키셨다.

방문객이 어리둥절해 하는 것을 보신 바가반은 당신의 몸과 그 그릇을 각기 가리키며 설명하셨다. "이것도 저 그릇과 같은 하나의 형상입니다. 거기에는 라마나라는 이름이라도 새겨져 있지요. 여기(당신의 몸)에는 그것도 없습니다!" 그런 다음 바가반은 하던 일을 계속하셨다.

그 헌신자는 바가반 말씀의 진리성을 이해했다. 이 재미있는 사건이 충분히 입증해 주듯이, 부가물이 없는 상태에 자연스럽게 뿌리 내리신 바가반은 헌신자들이 그들의 스와루빠(*swarupa*)를 꽉 붙들기를 바라셨다.

우리는 '몸이 나'라는 우리 자신의 관념 때문에 스승을 하나의 몸으로 본다. "'나는 몸이다'라는 오염에 의해 지知의 눈이 가려질 것"이라고 하는 말과 부합하게, 바가반은 이 사건을 통해 그 무지의 성품을 모두에게 분명하게 설명해 주셨다. 당신의 말씀, 당신의 성품 그리고 당신의 행동을 통해서 바가반은 이 모든 신성한 가르침의 한 모범으로 빛나셨다.

25. 일체에 편재하는 내가 어디로 갈 수 있는가?

세계를 구원하기 위해 온 화신들인 붓다·샹까라·그리스도와 같은 위대한 존재들은 자신이 화현한 목적을 이미 달성하여 그들의 육신이 해체될 때가 다가오자 추종자들에게 최후의 신성한 가르침을 전해주었다. 마찬가지로, 바가반 스리 라마나는 범열반梵涅槃(*Brahma nirvana*)에 드실 때가 되자 당면한 이별을 슬퍼하던 모든 헌신자들을 위로하기 위해, 그들을 자애롭게 바라보며 다음과 같이 말씀하셨다.

"그들은 이 몸 자체를 바가반으로 생각하고, '바가반이 당신의 병 때문에 고통받고 있다'고 슬퍼합니다. 어떻게 합니까? 그들은 '스와미가 세상을 떠난다'고 걱정합니다. 어디로 갑니까? 어떻게 갑니까?"

감로가 그것을 마시는 사람들의 신체 질환들을 치유하듯이, 진지眞知의 이 감로와 같은 말씀들은 이 진리를 이해하는 사람들을 개인적 존재라는 질병에서 즉시 벗어나게 할 것이다. 바가반은 마지막으로 이 신성한 가르침(upadesa)을 통해 당신의 참된 성품을 드러내심으로써, 모두의 참된 성품은 실로 그것(That)임을 보여주셨다. 당신의 화현 목적이 달성되었다는 데 완전히 만족하신 바가반은 무신해탈無身解脫(videhamukti)의 상태에서 쾌활한 안색으로 빛나셨다.

바가반 스리 라마크리슈나는 생애 최후의 며칠간 인후두암으로 심각한 고통을 겪었다고 알려져 있다. 그는 여러 날 동안 먹지 못하고 잠을 자지 못한 결과로 몹시 쇠약해져 있었다. 그러나 이처럼 고통 받고 있을 때에도 그는 명상 안에 확고히 자리잡고 있었다. 헌신자들에게 친견을 베풀었을 뿐 아니라 그 자신의 화현에 대한 비베카난다와 여타 제자들의 의문을 없애주었다. 우리는 그의 전기에서, 그가 마지막 숨을 거둘 때까지 자비의 화신으로 빛났음을 안다.

마찬가지로 바가반 스리 라마나는 생애 마지막 나날에 치명적인 암으로 극심한 고통을 겪고 계셨지만, 그것을 쾌활하게 견뎌내어 헌신자들을 놀라게 했을 뿐 아니라, 찾아온 모든 사람에게 은총의 시선을 쏟아주며 중단 없이 친견을 베푸셨다. 당신이 최후의 순간까지 한량없는 지知의 하사자로 빛나셨다는 것은 잘 알려져 있다.

마하르쉬님이 범열반에 드실 때, 열반실 근처에는 사람인 헌신자들 외에도 소들과 코끼리 한 마리, 그리고 공작들도 있었다. 이 동물들은 그들이 사랑하는 **주님**과의 이별을 앞둔 것에 망연자실, 더없이 애절하게 그들의 마지막 경의를 표했다. 당시에 찍은 사진들에서 볼 수 있는 이 희유하고 신적인 장면은 독특한 것이다. 다른 마하트마들의 생애 마지막에는 그런 장면이 목격되지 않았다.

26. 가르침의 최고 형태는 실제적 시범이다

행동을 바로잡는 문제에서, 바가반은 헌신자들에게 공개적으로 이리저리 하라고 명하신 경우가 거의 없었다. 있다 해도 극히 드물었고, 그런 말씀을 하실 때도 매우 겸손하게 말씀하셨다. 헌신자들이 바가반을 자신들의 어머니·아버지·스승·신으로 여겼음에도, 당신은 그들의 자유에 결코 개입하지 않으셨다. 다만 그들의 행동을 주의 깊게 관찰하기는 하셨다. 그리고 종종 다양한 방식으로, 사두들(sadhus)은 기본적인 욕구에서도 무욕이어야 한다는 것을 몸소 행동으로 시범해 보이시곤 했다. 또한 그들이 욕구를 줄이고 겉치레를 포기하는 것이 얼마나 필요한지도 보여주셨다. 다음 사례들이 이 점을 잘 보여준다.

바가반은 자주 글쓰기 일을 하셨다. 부유한 한 헌신자는 그것이 스승님의 글쓰기 작업에 유용할 거라고 생각하여, 고급 만년필 하나를 공양물로 당신께 드렸다.

마하르쉬님은 이 펜에 대해서는 생각조차 하지 않으시고 보통의 펜으로 평소처럼 글을 쓰셨다. 잉크가 원활하게 흘러나오게 하기 위해 바가반이 그 펜을 자주 흔드는 것을 본 한 헌신자가 당신께 새 펜을 상기시켜 드리면서, 그 펜이면 그런 불편이 전혀 없을 거라고 말씀드렸다.

바가반은 성스러운 무관심의 태도로 이렇게 대답하셨다. "펜의 목적은 글을 쓰기 위한 것일 뿐입니다. 그 목적에는 이것도 충분하지요. 이 펜 속의 잉크가 제대로 흐르지 않아서 자주 흔들어 주고 [쓰지 않을 때는] 닫아 두어야 하는 것은 사실입니다. 그러나 매우 중요한 저작들은 아무리 평범한 도구라 해도 쉽게 이용할 수 있는 것으로 즉시 완성하는 습관을 들이는 것이 좋습니다. 있을 수 있는 불편함에 우리가 눈길을 주면, 정해진 시간에 어떤 일을 끝내기가 불가능할 것입니다. 단순함 속에 있는 행복은 겉치레 속에서는 결코 찾을 수 없습니다."

이와 같이 바가반은 오래된 평범한 펜에 당신이 자못 만족하신다는 것을 사람들이 알게 하셨다. 또 한번은 당신이 아쉬람 출판물의 교정지들을 한데 모아 그것을 한 권의 책으로 만드시는 모습이 발견되기도 했다. 그 내용이 큰 가치가 있다 해도 교정지라면 버리는 습관이 있던 부유한 한 헌신자는 바가반의 노력이 불필요하다고 느꼈다.

그가 당신께 다가가서 말씀드렸다. "제가 다음 주에 올 때는 아름답게 제본된 그 책 한 권을 가져오겠습니다."

바가반은 미소를 띠며 즉시 대답하셨다. "그게 왜 필요합니까? 그 아름다운 책에 들어 있는 모든 내용이 여기에도 있습니다. 우리에게 필요한 것은 내용뿐입니다. 그 새 책에 들어가는 비용은 아름다운 외관을 위해 지불될 뿐이지요."

이와 같이 당신은 헌 책이나 새 책이나 당신께는 똑같다는 것을 그 헌신자에게 보여주셨다.

바가반의 외적인 삶의 모든 측면은 이처럼 단순한 본질을 지녔다. 당신이 드시는 음식은 평범하고 단순했고, 의복은 낡은 샅가리개뿐이었다. 거처는 산굴山窟과 깊은 구덩이들뿐이었고, 당신의 침상은 나무 그늘과 맨흙바닥이었다. 이와 같이 당신은 지복스럽게 홀로 있음 속에서 사셨다. 후

년에 당신의 삶이 온갖 안락함을 갖춘 것처럼 보인 것은 사실이지만, 그 모든 것은 당신의 헌신자들이 마련해 드린 것이었다.

마하르쉬님은 당신 자신이 매일 준수하는 것들을 통해 헌신자들의 외적인 삶을 완성시켜 주셨고, 친절하고 자애로운 조언을 통해 그들의 내적인 삶을 정화하기 위해 노력하셨다. 훌륭한 인격은 영적인 삶의 토대 자체이기에, 바가반은 파기 없는 브라마짜리야의 맹세를 한 젊은 사두들에게 특별한 관심을 기울여 주셨다. 당신은 일부 전통적 창녀들이 현자들과 가까이하면 (그의 제자들을 통해) 좋은 아들을 얻을 것이라고 믿고 접근할 때 그들이 넘어가지 않도록 각별히 신경을 쓰셨다.

한번은 그런 여자가 바가반께 여러 번 접근했다. 그녀의 동기가 순수하지 않았기 때문에 그녀의 소망은 이루어지지 못했다. 그러나 바가반과 친교한 탓에 그녀는 욕망에서 벗어났고, 결국 당신의 헌신자가 되었다.

바가반은 이 흥미로운 사건을 들려주신 다음, 다음과 같은 은총의 말씀을 덧붙이셨다.

브라마짜리야는 실은 브라만에 대한 명상을 의미합니다. 그것은 단순히 '독신으로 남아 있는 것'을 뜻하지 않습니다.[26] 참된 브라마짜리야의 규율은 모든 사람이 지킬 만합니다. 그것을 지키는 사람들에게는 각자 자기 인생단계의 규범(dharma)에서 벗어나지 않는 것이 중요

---

[26] 바가반은 우리가 지고의 상태를 성취하기 위해서는 마음을 제거해야 한다고 보셨다. 그리고 그것을 포기하는 것이 포기의 최고 형태라고 말씀하셨다. 그러나 우리가 그 지고의 상태(에 대한 메시지)를 세상에 전파할 수 있는 부단한 지복의 삶을 향유하기 위해서는 출가자의 삶이 필수적이라고 말한 비베카난다 스와미의 확고한 믿음은 고려해 볼 가치가 있다. 그는 처자식 등의 번거로운 요소에서 벗어난 생활방식만이 완전한 자유를 안겨줄 수 있다고 주장했다. 샹까라 전통에 속한 사람들은 정도의 차이는 있지만 그와 유사한 견해를 가지고 있다.

내적인 포기가 진아 깨달음의 적합한 수단이라는 것은 사실이다. 그러나 내적인 포기의 완벽한 통달은 외적인 포기 없이 불가능하다는 것을 발견한 수많은 구도자들의 경험을 우리는 무시할 수 없다.

합니다. 브라마짜리야를 지키는 듯한 겉모습을 보이기는 쉽지만 브라마짜리야를 끝까지 고수하기는 매우 어렵습니다. 그것은 강렬한 무집착의 성향을 타고난 용기 있고 성숙한 사람들만이 해낼 수 있습니다. 따라서 파기 없는 브라마짜리야를 지키는 사람들은 여성들과 어울릴 때와 감각 쾌락을 갈망할 때, 늘 극도로 주의하고 경계할 필요가 있습니다. 베다 시대의 리쉬들을 포함한 일부 사람들의 그런 타락과 그 타락의 위험한 결과에 대한 이야기를 들려주는 뿌라나(Puranas)의 다양한 도덕적 가르침은 우리 모두에게 실제 사례를 통한 교훈입니다.

바가반은 이 같은 영적인 가르침으로 자주 헌신자들의 경각심을 일깨우셨다. 당신은 또한 그들의 인격상 결함을 지적하고 교정해 주시기도 했다. 그 한 예는 이런 것이다.

한번은 한 마하라자가 바가반을 친견하러 왔다. 그가 떠날 때 아쉬람의 사두 한 사람이 어느 정도 거리까지 그를 따라갔다가 돌아왔다.

바가반이 미소를 띠고 그를 바라보며 말씀하셨다. "스와미는 어떤 긴급한 용무로 갔다 온 것 같군요! 돈이 많은 저 마하라자가 여러분[27]을 찾아올 때는 무슨 특별한 이유가 있을지 모르지만, 마음의 만족을 모범적으로 보여줘야 할 그대가 왜 그를 뒤따라갔습니까? 만약 그대에게 어떤 욕구가 있다면, 그가 그것을 없애줄 수 있습니까? 이 단순한 이치도 모른 채 그대는 무슨 목적으로 출가를 했습니까?"

바가반은 그런 가르침을 통해 무욕이 출가생활의 표지임을 설명하셨다. 출가자(sannyasin)는 전능한 신이 사두들의 수호자이며, 신만이 어려운 형편의 사람들에게 필요한 모든 것을 베풀어 줄 수 있다는 확고한 믿음을 가지고 있어야 한다. 출가자들은 신의 가호에 대한 그런 전적인 믿음을 가

---

27) 여기서 '여러분'은 일반적으로 사두들을 가리킨다.

지고, 신에게 자신을 전적으로 내맡겨야 한다.

성자 아빠르(Appar)는 참된 순복(내맡김)의 결과를 생생히 묘사하고 있다.

우리는 누구에게도 예속되지 않은 샹까라[시바]의 연꽃 발에 우리 자신을 내맡겼기 때문에, 누구의 예속자도 아니다. 우리는 죽음을 두려워하지 않는다. 우리는 지옥에서 고통 받지 않을 것이다. 우리는 어떤 거짓도 없고, 우리가 존재하는 이 상태를 자부한다. 우리는 어떤 질병도 알지 못한다. 우리는 누구에게도 절하지 않을 것이며, 늘 행복할 것이다. 우리에게는 어떤 슬픔도 없다.

출가자들은 신에게 자신을 전적으로 내맡겨야 한다. 그들은 "출가자에게는 왕조차도 한낱 지푸라기일 뿐"이라는 속담의 모범이어야 하며, 늘 용기가 있어야 한다. 바가반은 다음의 이야기로 그 관점을 보여주셨다.

한 무슬림 성자는 악바르 왕이 사두들과 친교하기를 매우 좋아한다는 말을 듣고, 왕에게서 자신의 헌신자들을 위한 혜택을 얻기 위해 궁으로 찾아갔다. 그는 왕실 모스크에서 악바르가 기도에 몰두한 채 신에게 혜택을 청하고 있는 것을 보았다. 문득 성자에게 새로운 깨달음이 밝아왔다. 그는 즉시 궁을 떠나 집으로 돌아갔다. 기도를 끝낸 악바르가 그 성자가 찾아왔었다는 이야기를 듣고 그를 다시 모셔 오게 했다. 악바르는 그에게 궁에 왔다가 자신을 보지 않고 떠난 이유를 물었다.

성자는 이렇게 대답했다. "저는 제 헌신자들의 사소한 필요를 충족하기 위해 왕이신 당신을 찾아갔습니다. 그러나 당신 자신도 뭔가 부족한 것이 있어 그것을 충족하려고 신께 기도하고 계신 것을 발견했습니다. 그 모습을 보고, 전능하신 신만이 모든 사람의 욕망을 충족시켜 줄 수 있다는 큰 진리를 배웠기 때문에 즉시 궁을 떠난 것입니다." 차분히 그렇게 말하고 그는 궁을 떠났다.

바가반은 이 사건을 들려주면서 사두들은 신께 자신을 전적으로 내맡겨야 한다는 것, 그들은 좋아하는 것도 싫어하는 것도 없어야 하고, 생각과 근심에서 벗어나야 한다는 것, 그들에게 필수적인 것들조차도 신에게서만 얻어야 한다는 것을 보여주셨다.

26(a). 속박의 원인[28]

탄생을 위시하여 개아들이 경험하는 모든 불행과 악의 원인은 자신들이 온 길을 잊어 버렸다는 데 있다. 다음 이야기가 이 점을 잘 보여준다.

바가반이 친견을 베푸시던 회당 안에 굴뚝이 하나 있었다. 그 굴뚝은 바닥을 제외하고 사방이 쇠그물로 막혀 있었다. 하루는 아름다운 작은 새 한 마리가 어쩌다 그 속으로 들어가서 이 굴뚝 안에 갇혔다. 새는 자신의 자연적 환경, 즉 자유롭게 날아다닐 수 있는 광대한 공간과 정반대되는 상태에 자기가 갇혔다는 것을 알았다. 새는 굴뚝 안으로 들어간 순간부터 빠져나가기 위해 미친 듯이 분투하고 있었지만 그 모든 노력이 허사였다. 왜냐? 자기가 들어온 길을 잊어버리고 막힌 곳들로만 빠져나가려고 계속 애쓰고 있었기 때문이다. 스리 바가반은 이 기회를 이용하여 위대한 진리 하나를 다음과 같이 드러내셨다.

---

[28] (편주) 이 '장면'은 바가반의 말씀 인용문과 당신의 다양한 활동에 대한 이야기들을 담고 있다. 사두 나따난다는 이런 사건들을 통해서 바가반 가르침의 핵심적 요지들을 부연 설명한다. 26(a)에 나오는 이야기는 본서 원본에는 전혀 나오지 않는 것이다. 이것은 사두 나따난다의 공책들 중 한 권에서 발견되었고, 이전에 전혀 출판된 적이 없다. 그러나 여기에 바가반의 긴 가르침의 말씀이 들어 있고 사두 나따난다의 논평도 있으므로, 나는 그것을 이 '장면'의 마지막 부분에 포함시키는 것이 적절하다고 보았다. 원래의 번호 순서를 끊지 않기 위해 여기에 26(a)라는 번호를 붙였다.

이 새는 도처에 편재한 공간, 곧 자신의 본래적 거주처를 포기했습니다. 그리고 자신의 성품에 반대되는 한정된 공간에 갇혔습니다. 이 감옥에서 어떻게 빠져나갈지 알지 못하는 이 새는 흥분하고 겁을 먹었습니다. 이 새처럼 개아들도 자신의 본래적 거주처인 광대한 의식의 허공을 포기했습니다. 그들은 무지의 망상을 통해 몸이라는 감옥에 갇히게 되었습니다. 그리고 어떻게 빠져나갈지 모른 채 온갖 번뇌로 고통 받습니다. 자신의 본래적 거주처로 돌아가려는 이 새의 부단한 노력이 성공하지 못하는 것은 그 노력이 자기가 들어온 아래쪽이 아니라 속박의 길인 위쪽으로 향해 있기 때문입니다. 마찬가지로, 자유를 얻으려는 개아들의 끝없는 노력이 성공하지 못하는 이유는, 그 노력 역시 그들이 온 내면으로가 아니라 속박의 길인 밖으로 향해 있기 때문입니다. 위로 올라가려는 새의 본래적 성향은 새가 자유를 찾으려고 시도할 때도 나타납니다. 그와 같이, 밖으로 헤매는 개아들의 본래적 성향은 그들이 해탈을 얻으려고 시도할 때도 나타납니다. 이것은 개아의 본래적 성향입니다. 참된 분별과 자각을 통해 개아가 밖으로 향한 시선을 내면으로 돌리고 그 시선이 거기에 고정되면, 그 개아는 일순간에 해탈을 얻을 것이 확실합니다.

진정으로 해탈에 목말라하는 사람들에게는 이 가르침 하나로 충분할 것이다.

장면 7 : 탐구의 본질

앞 장들에서는 스리 라마나 바가반의 친존의 위대함, 당신의 신성한 시선이나 자애로운 말씀을 통해 드러난 진아의 학(學)에 대한 드문 통찰, 거기서 나온 신적인 체험 등 몇 가지에 대해 서술했다. 이제 명민한 독자들은 우리 모두가 자신의 타고난 권리로서 신을 볼 수 있다는 것을 분명히 이해할 것이다. 사람으로 태어나는 궁극의 목표는 우리의 참된 성품이 신적이라는 것, 의식이 우리의 참된 성품이라는 것, 그리고 진아 깨달음은 자기순복을 통해서 얻어진다는 것을 이해하기 위한 것일 뿐이다.

이어서 바가반의 말씀을 통해 자기순복의 본질, 그것을 닦을 수 있는 방법들, 그 속에서 완성을 이룬 사람들의 특징, 그리고 그것을 통해 얻을 수 있는 은총의 삶의 희유한 면모들을 탐색해 보자.

27. '나'에 대한 탐구야말로 지(知) 탐구이다

외모·특징·지식·성품에서 흡사한 두 사람을 만나기는 불가능하다. 그러나 몸을 '나'로 여기는 무지의 면에서는 엄청난 다수의 사람들이 너나 할 것 없이 다 똑같다는 것을 발견할 수 있다. 무지한 사람들이 그들의 생각·말·행동·성품과 경험의 속성을 이야기할 때, 그 속성의 주체인—그리고 실은 의식인—'나'를 몸으로 여긴다는 것은 잘 알려져 있다. 그들이 자신의 참된 성품을 알지 못함에도 불구하고 생시·꿈·잠의 세 가지 상태 모두에서 존재하는 그들 자신의 존재에 대한 자각은 모두에게 본래적인 것이다. 그래서 무신론자조차도 그 자신의 존재는 결코 의심하지 않는다. 진인(jnani)과 무지인(ajnani)의 차이는 자신의 참된 성품을 아느냐 여부일 뿐이다. 인류를 그 인간적 성품에서 짐승의 성품으로 전락시키는 것이 이 무지이다. "나는 짐승이 아니지만 짐승이기를 그치지 않았네"라고 한 아빠르의 한탄은, 그가 희유한 사람의 몸을 받은 뒤에도 그에 어울리는 지知를 얻지 못하고 있었음을 잘 보여준다.

따라서 참으로 인간으로 살면서 사람으로 태어난 목적을 이루려면 내적인 탐구를 통해 존재-의식의 진정한 본질, 곧 우리 자신이 존재함을 끊임없이 늘 선언하고 있는 이 '나, 나'를 아는 것이 필수적이다. 실로 이것이 자기탐구이다. 존재-의식의 본질과 변상變相들을 분명하게 탐색하기 위해서는 이 '나는 누구인가?' 하는 탐구의 수행이 필수불가결하다.

28. 존재의 의식은 본래적 상태이다

늘 그 자신을 '나-나'로서 드러내는 존재-의식의 근원은 스스로 빛나는 순수한 **브라만**일 뿐이다. 이 자기광명이 곧 브라만의 성품이며, 그것은 오직 브라만에게만 있는 성질이다. **브라만**을 드러내는 존재-의식이 그것과 다르지 않다. 태양의 성품인 광명이 태양과 다르지 않듯이, 브라만의 성품인 존재-의식은 **브라만**과 다르지 않다. 이 존재-의식을 **지고아**라고 부른다. **심장**이 그것의 거소居所이다. 지고한 브라만의 이 존재의 측면을 순수한 **브라만**이라고 하며, 의식의 측면은 **지고아**로 알려져 있다. 등불과 빛, 꽃과 그 색상, 이 둘[브라만의 측면들]은 말만 다를 뿐 의미는 다르지 않다.

즉, 그것들은 서로 다른 두 실체가 아니다. 지고아, 곧 존재-의식은 자연적 체험이다. 속성과 형상들은 그에 영향을 주지 않는다.

29. 의식이 그 자신을 한정하여 개아가 된다

달에서 반사되는 햇빛처럼 심장 안에서 '나'로 빛나는 지고아는 사하스라라(sahasrara-정수리의 차크라)에서 마음에 의해 반사된다. 그 반사는 그것을 투사하는 몸과 별개가 아니다. 만약 지고아의 한 반사에 불과한 거짓 자아가 자신의 참된 성품이 지고아와 별개가 아님을 깨닫고 마음을 안으로 향하게 하여 지고아를 꽉 붙들면, 그것은 존재-의식으로 남게 된다. 그러나 거짓 자아는 몸을 '나'로 여김으로써 그 자신을 기만한다. 이 상상을 통해 그것은 외향적 상태로 들어가서 개아가 된다. 마음·내적 기관·에고·미세신 등의 다양한 이름이 붙는 것이 바로 이 개인적 영혼이다.

참된 지知는 자신의 체험을 통해 이 개인아(jivatman)의 거짓된 성품을 깨닫는 것이다. 이것은 경전의 도움에 의해, 그리고 스승의 은총을 통해서 이루어진다. 에고가 소멸할 때(개아가 해탈할 때) 지고아에 대한 견見이 나타나므로, 이제 우리는 저 에고의 탄생·유지·소멸을 탐색해 보자.

30. 거짓 동일시

'몸과 의식은 다르다'는 것은 누구나 지적으로 알고 있지만, 우리의 실제 경험은 그 둘을 동일시하는 것이다. 우리는 자신의 경험을 묘사하면서 "나는 생각했다", "나는 보았다", "나는 먹었다", "내가 갔다", "내가 했다"

등으로 말한다. 행위를 수행하는 마음과 몸이라는 도구는 저변의 의식과 다르지만, 무지한 사람들의 성품은 그 자신을 이러한 행위의 여러 도구들과 어김없이 동일시하는 것이다.

인간의 성품은 의식이며, 그것은 모든 감각 기관과 마음을 초월한다. 이 진리를 깨닫고, 자신을 거짓 연관에서 벗어나게 하며, **지고아**로 머무르는 법을 배우는 것이 지知의 수행이다.

새끼 때부터 양들 사이에서 자란 사자가 자신을 양이라고 믿는 것이 연관에서 비롯된 망상이듯이, 개아가 '몸이 나'라고 믿는 것은 자신의 참된 성품에 대한 무지에서 비롯된 망상이다. 반사된 모습이 그 원물과 별개가 아니듯이, 개아라는 반사된 의식은 **브라만**이라는 순수한 의식과 별개가 아니다. 추론과 경전 공부를 통해 우리의 진정한 성품에 대한 진리를 지적으로 확신하기는 쉬워도, 진아로서의 자신의 진정한 성품을 체험하는 일은 실로 드물다. 진리에 대한 지적 확신을 얻기 위해서는 분별만으로 족하겠지만, 자신의 진정한 성품을 체험하기 위해서는 무욕을 동반한 수행이 필수적이다.

음주와 같은 습관에 중독된 사람들이 그런 악습에서 완전히 벗어나기를 원하면 확고한 무욕으로 오랜 시간 힘들게 분투해야 할 것이다. 경험을 통해 그런 습관의 해독을 알고 있다고 해도 그렇다. 그와 마찬가지로, 무수한 생에 걸쳐 몸에 속박되어 온 개아가 경험을 통해서 탄생과 죽음에 내재된 괴로움을 인식할지는 모르지만, 그가 무지의 완전한 소멸을 성취하고자 한다면 무욕과 분별을 실천하면서 오랜 시간 진아에 대한 명상을 닦아야 할 것이다.[29]

---

[29] 무수한 과거생에 걸쳐 지속되는 원습은 오랜 지속적인 명상 수행에 의하지 않고는 제거되지 않을 것이다. —『냐나 바쉬슈탐』.

한량없는 세월 동안 진아를 은폐해 온 이 무지가 언제 참된 지知의 성취에 의해 종식될 것인가?

어둠이 동굴 속에서 한량없는 세월 동안 존재했다 해도, 밝은 등불을 가지고 들어오면 즉시 사라진다. 마찬가지로, 무지도 지知가 일어나자마자 소멸된다. ―『기타사라 탈라뚜(Gitasara Talattu)』30)

눈에 보이는 모든 것이 꿈과 같다는 것을 확고히 이해하는 사람이 진인이다. ―『해탈정수』

비실재는 존재성이 없고, 실재는 결코 존재하지 않는 적이 없다. 이 두 가지의 본질을 알고 있는 사람들만이 진리를 아는 것이다.
―「바가바드 기타 요지」

현자들의 이런 말들에 대한 살아 있는 증거가 될 수 있는 사람은 매우 희소하다. 최상근기(uttama adhikari)이자 고도로 성숙한 사람이라고 찬양 받는 사람들은 바로 이런 유의 구도자들이다.

『해탈정수』에서는 말한다. "이 가르침은 초심자의 가슴 속에는 들어가지 않을 것이다. 만약 들어간다면, 그 복된 사람은 무수한 전생 동안 노력해 온 것이다."

다생에 걸쳐 진아에 대한 명상을 닦아서 결국 마지막 생에 도달한 그런 소수를 제외한 나머지 대다수는 단순히 '그대가 그것이다(Tat tvam asi)'라는 큰 말씀을 듣는 것만으로 '나는 브라만이다'라는 깨달음을 얻을 수는 없다.

---

30) (역주) 『바가바드 기타』의 핵심을 담은 타밀어 책의 하나.

31. 하나의 의식이 두 가지 양상으로 보인다

생계를 위해 주 나라싱하(Lord Narasimha-비슈누의 화신)의 역을 하기로 한 사람들이 종종 연기에 몰두하여 자신을 잊어버리는 것을 볼 수 있다. 그럴 때 그들은 자신이 연기하는 역과 자신을 동일시한다. 마찬가지로, 과거 행위의 열매를 경험하려고 태어나는 개인적 영혼은 상상의 힘으로 인해 자신의 진정한 성품을 잊고, 덧씌워진 속성들을 자신과 동일시한다.

'나 성품(aham swarupa)'의 의식은 서로 다른 두 가지 양상으로 기능한다. 한 양상은 의식이 몸과 연관되어 그것과의 동일시 속에 머무르는 것인데, 꿈과 생시의 상태에서 그러하다. 이는 마치 달구어진 쇠공이 불에게 그 쇠의 형상을 부여하는 것처럼 보이는 것과 같다. 다른 한 양상은 허공을 순환하는 공기의 예로써 설명할 수 있다. 성품상 늘 움직이고 있는 공기가 때로는 정지하여 허공에 합일되듯이, 성품상 밖으로 향하면서 활동하는 개인아의 성품이 어떤 때는(깊은 잠 속에서는) 진아를 향하고 진아에 합일된다.

32. 의식으로서 안주하는 것이야말로 자기순복이다

이와 같이 생시와 꿈의 상태에서는 개아가 출현하고 깊은 잠과 기절 상태에서는 그것이 가라앉는 듯이 보이는 바탕은 **지고아**이며, **지고아**의 성품은 성질과 특징으로써 상상해 볼 수 없는 순수한 침묵(mauna)이다. 그 지고한 침묵을 꽉 붙들고, 그 안에 고요히 머무르면서 존재-의식으로서 안주하는 것이야말로 자기순복(Self-surrender)이다.

33. 따마스와 라자스의 배제: 자아의 상실

지고의 상태를 성취하고자 열망하지 않는 사람은 아무도 없으므로, 경전의 목표는 모두가 영적인 길로 들어서게 하는 것이다. 그러나 지고의 상태를 향한 길로 들어서는 사람들도, 그 목표를 성취하려면 자신의 소유물뿐만 아니라 자기 자신까지 희생할 만큼 영웅적이어야 한다는 경전 가르침을 만나면 의심과 오해에 사로잡힌다.

그들은 생각한다. '해탈의 상태가 신적인 상태이기는 하지만, 우리가 그것을 성취하려면 우리 자신의 자아를 희생해야 하는 것 같다. 어쨌든 영적인 노력은 불멸을 얻는 것이 목표다. 그러나 우리 자신을 진아(jnana)라는 희생의 불 속에 던진다면, 누가 남아서 해탈의 지복을 향유하겠는가? 왜 우리에게 이익이 없는 상태를 위해 우리 자신을 상실해야 하나? 이것은 이자를 얻기 위해 원금을 잃어야 한다는 이상하고 불가능한 요건을 충족하려고 애쓰는 것과 같다! 영적인 노력은 자살적인 노력인가?'

많은 구도자가 그런 두려움과 걱정으로 인해 딜레마에 빠진다. 온 마음으로 영적인 길을 따를 수도 없고, 그것을 아주 포기할 수도 없다. "지체된 사람은 더 이상 진보하지 못한다"는 말과 같이, 그런 의심 때문에 구도자들은 당혹해하고 어찌할 바를 모른다. 경전에 대한 철저하고 깊은 공부와 삿상을 통해서 이 혼란에서 빠져나오기 전에 많은 구도자들이 무신론자가 된다. 그런 의심과 오해가 대다수 사람들이 종교적 삶에 대해 충분한 열의를 갖지 못하는 주된 이유이기는 하지만, 이 문제를 탐색하는 사람들에게는 이런 모든 의심이 별로 중요하지도 않고 알맹이도 없는 것으로 보일 것이다. 그것을 아래에서 설명하겠다.

사뜨와(sattva)의 성품을 가지고 있는 인간 영혼(purusha)은 실은 조건지워지지 않은 지고아이지만, 그것이 라자스(rajas)와 따마스(tamas)의 성품을 가진 마음과 연관되기 때문에 비진아인 몸과 자신을 동일시하는 습이 생겨 개인아가 된다. 인간의 모든 속박이 이 근본 원인, 즉 '몸이 나다'라는 관념에서 나온다. 따라서 에고 자아의 상실이야말로 이 연관의 소멸이며, 라자스적 양상과 따마스적 양상에 대한 비실재적 관여를 버리는 것이다. 다시 말해서, 우리의 실재하지 않는 개아 성품을 벗어버리면 브라만으로서의 우리의 참된 성품을 성취한다. 그래서 해탈의 상태에서도 우리는 자기 자신을 완전히 상실하는 것이 아니다.[31]

외적인 삶에서 볼 때, 올바름의 길을 따르는 사람은 욕망이나 분노와 같은 자신의 나쁜 성질들을 잃지만 그 자신을 잃지는 않는다. 마찬가지로, 영적인 길을 따르는 사람은 들뜸이나 불순수와 같은 라자스적이거나 따마스적인 성질들을 잃을 뿐 자기 자신을 잃지 않는다.

병에 걸린 몸은 힘과 활력이 부족하지만 완전히 치유되면 이전의 힘과 강건함이 회복된다. 그와 마찬가지로 에고성 때문에 자신의 참된 성품에 대한 자각을 잃어버린 개아도, 그 에고성을 잃으면 자신의 진정한 성품을 체험할 것이다. 그럴 때 그는 순수한 사뜨와라는 자신의 본래적 상태에서 빛날 것이다.[32]

---

31) (역주) 이것은 깨달음을 얻었다고 해서 인식과 행동의 주체인 자아가 모두 소멸하지는 않음을 뜻한다. 만약 모두 소멸한다면 깨달음을 전하고 남들을 깨달음으로 이끌 스승조차 없을 것이다. 따라서 깨달음으로 구현되는 '무아'의 의미는 몸, 마음 등 부가물과의 동일시에 기초한 개인적 자아(에고)의 상실을 의미할 뿐이다. 남방불교에서는 이를 부정하고 일체 무아를 주장하지만, 올바른 견해가 아니다. '자아 없는 진아'가 무아의 실체이다.
32) "사뜨와는 마음의 성품 자체인 반면, 다른 두 가지 성질은 부가물일 뿐이므로 마음에서 추방할 수 있다. 만일 그대 자신의 신성神性을 꾸준히 붙들면 라자스와 따마스는 목이 졸려서 내적인 긴장과 외적인 다수성이 사라질 것이다. 그렇게 될 때 그대의 마음은 오염 없이 빛을 발하고, 허공처럼 움직임이 없고 미세해진다. 그런 다음 그것은 이미 자신이 그것인 브라만과 자연히 하나가 되어 무상삼매 안에 머무른다." —『해탈정수』
"마음이라고 하는 것은 윤회계라는 기슭 없는 바다가 생겨나게 하는 원습에 지나지 않는다. 이것을 보고 알면, 더 이상 이런 걱정이 없을 것이다." —『냐나 바쉬슈탐』

34. 주시자 상태가 우리의 본래적 상태이다

인간의 진정한 성품은 순수한 사뜨와이며,33) 본래적 상태에서 그는 하나의 주시자(witness), 곧 네 번째 상태의 경험자일 뿐이다. 그 성품의 상태에서는 어떠한 속박도 없지만, 마음과의 연관, 곧 대상들에 대한 인식을 통해 그 성품에서 벗어나면 자기 안에서 반사되는 다양한 몸을 자신과 동일시하게 된다. 그 몸들은 (생시, 꿈 및 잠의 각 상태에서) 조대신粗大身·미세신微細身·원인신原因身이다. 이 몸과의 거짓된 동일시 때문에 우리는 탄생과 죽음, 행복과 불행을 겪게 되며, 그것은 모두 그런 몸들에게 부수적으로 일어난다. 이 왜곡된 상태에서는 자신의 진정한 성품에 대한 체험이 없고 오히려 감각 대상들을 생각하는 습이 있기 때문에 우리가 '개아'로 불린다. 자기순복의 수행은 참스승이 하사하는 존재-의식을 통해서 우리의 참된 성품을 깨달아, 그 세 가지(조대신·미세신·원인신)와 자신을 동일시함이 없이 순수한 주시자로 머무르는 법을 배우는 것이다.34) 개아 자신이 마음의 일어남과 가라앉음의 바탕이므로, 주시자 상태를 끊임없이 닦으면 마음의 일어남이 점차 감소할 것이고, 그 수행이 성숙되면 마음이 완전히 사라질 것이다.35) 그리고 나면 보이는 것이 아무것도 없기 때문에 주시하기의 상태마저 그치고 우리는 진아로서 자신의 진정한 상태로 빛나며, 생전해탈자(jivanmukta)로 알려진다. 이 자기체험의 본연적 상태(sahaja sthiti)를 초월적 상태라고도 하고, 참된 삶(sadbhava)이라고도 한다.

---

33) "순수성을 그 성품으로 가지고 있는 사뜨와만이 참되다. [무지의] 어둠이 사라지면 '마음'이라는 말도 사라질 것이다." ―『해탈정수』
34) "창조하고 유지하고 파괴하면서도 그런 모든 행위에 의해 절대로 오염되지 않고 남아 있는 영리한 자인 주시자에 대해 명상하는 것이 좋다."
"마음이 태어나는 곳이 거기다. 마음이 죽고, 분명해진 곳이 거기다. 이 모든 상태가 거기다. 내가 두 번째 없는 하나로서 머무르는 곳도 거기다." ―따유마나바르
35) "다가가고 다가가며, 하나의 원자로 닳아져서 마침내 하나가 됩니다. 오, 띠루뻬룬두라이에 거주하시는 시바시여." ―『띠루바짜깜』.

자신의 참된 성품에 대한 숭배(진아안주)야말로 신에 대한 숭배이다. 다음은 모두 우리의 참된 성품에 대한 명상(swarupa dhyana)을 묘사한 것일 뿐이다.

당신의 은총에 힘입어 당신의 두 발에 절하오며. ―『띠루바짜깜』

은총을 통해 일체를 봅니다. ―따유마나바르

위없는 의식의 눈을 통해 본다. ―「지행탐구장知行探究章」[36)]

고요히 있으라(Summa iru). ―『깐다르 아누부띠(Kandar Anubuthi)』[37)]

이런 가르침의 말씀들 중에서 '당신의 은총', '은총의 봄', '위없는 의식', '말없는 봄'과 같은 감로의 말들은 반야안주般若安住(sthitaprajna)(존재와 결합해 있는 상태)를 가리킨다.

35. 몸의 행로는 운명에 따라 정해질 것이다

영적인 길의 초심자들은 에고가 상실되고 마음이 소멸한 뒤에 몸을 어떻게 유지할 수 있을까 하고 의심할지 모른다. 아래에서 설명하듯이, 이것은 행위자 의식이 창조한 하나의 환幻일 뿐이다.

---

36) (역주) *Jnanachara Vichara Padalam*. 비이원론 경전인『데비깔롯따람』중의 한 장.『라마나 마하르쉬 저작 전집』에도 바가반의 번역 작품 중 하나로 이 장이 나온다.
37) (역주) 성자 아루나기리나타르가 스깐다(수브라마니아)에게 바친 깨달음의 시이며, *Kandar Anubhuti*는 '스깐다 체험'이라는 뜻이다.

누구도 자신의 몸을 창조하지 않는다. 몸은 업의 한 결과이고 운명의 통제 하에 있으며, 정해진 길을 따라서 살아간다. 이것이야말로 몸이 걷는 행로의 실제적 상태이며, 이것이 몸의 탄생·유지·죽음에 관한 진리이다. 평범한 사람들도 몸의 삶과 경험들은 주재자(조물주)가 정한 패턴을 따르지 자신의 소망을 따르지 않는다는 것을 안다.38) 일상의 경험과 사건들도 몸이 우리 자신의 통제 하에 있지 않음을 분명하게 보여준다. 사람들은 자신이 행위자라는 느낌에 추동되어 마치 사원의 탑 무게를 받치고 있는 것처럼 보이는 상(像)같이 행위하지만, 이것은 무지의 기이한 효과일 뿐이다. 경전 공부·추론·경험을 통해서 운명의 힘을 분명하게 이해하는 영리한 사람들조차도, 자신이 에고의 속박에서 벗어나지 못한다는 것을 발견한다. 결국 그들은 신의 가호를 구하여 그에게 자신을 전적으로 내맡긴다. 이것은 성자들의 다음 말들에서 입증된다.

저는 가끔 모든 행위가 당신의 것일 뿐 저의 것이 아니라고 생각합니다. 마야에 미혹될 때는 행위를 저의 것으로 인식합니다. 그러다가 어떤 행위에 대한 생각도 없는 상태루 머무릅니다. 모든 행위가 당신의 것이 되게 하시어, 이 미친 자가 복된 상태에 도달하게 하소서. 오, 삿찌다난다(Satchidananda)이신 스승님이시여! ─따유마나바르

모두가 당신께서 하시는 일이라는 비밀을 안 이들에게 당신은 무한한 지복을 주셨습니다. 욕심 많은 비천한 개[犬]인 저에게 당신은 다른 길을 정해 주셨습니다. 오, 자격 있는 분이시여! 마음의 약함에 대해 제가 누구를 찾아가 하소연할 수 있습니까? ─따유마나바르

---

38) "베다를 위시한 모든 책에도 운명을 정복할 아무 방도가 나오지 않는다." ─압바이야르
 "운명보다 강한 것이 뭐가 있는가? 설사 다른 뭔가가 개입한다 해도 운명이 승리할 것이다." ─『띠루꾸랄』

'제 것'이라고 분류할 수 있는 어떤 행위도 없습니다. 모든 행위는 오직 당신의 것이라고 해야 맞습니다. 저는 제 몸과 소유물과 영혼을 당신께 넘겨 드렸습니다. 제 마음 속에 널린 순수하지 못한 것들을 제거하시고, 당신께서 적합하다고 생각하시는 모든 은총을 하사하실 분은 당신이십니다! ─따유마나바르

몸에 대한 보살핌을 포기하고 당신 안에서 기뻐하는 사람들만이 [당신을] 알 것입니다. ─『떼바람(Tevaram)』

이 애끓는 호소들은 마야(maya)의 막강한 힘을 보여주기에 충분한 증거이다.

지(知)에 관한 책들을 공부하고, 출가를 하고, 삼매를 얻기 위해 노력한다 해도, 묘사할 수 없는 해탈의 지복은 진아가 되어 아무 걱정 없이 머무르는 것으로써만 성취된다네. ─『스와루빠 사람(Swarupa Saram)』

깨달음에 대한 위 말은 걱정의 소멸이 해탈이라고 주장하는데, 자신이 행위자라는 느낌(kartrutva)의 상실 없이는 걱정이 사라질 수 없고, 우리가 구원을 얻기 위해서는 그것의(에고의) 상실로 족하다. 마하르쉬님은 해탈의 상태와 지복을 다음과 같이 설명하신다.

해탈이라. 해탈이라는 것이 무엇입니까? 천상세계와 천상의 지복이 다른 어딘가에 존재합니까? 그런 것들은 이 세계와 이 몸을 버린 뒤에 다른 어떤 몸으로 다른 어떤 세계에서 경험할 수 있는 것입니까? 심장(Ullam)이 지고의 세계이고, 위없는 침묵이라는 형태의 고요함이

지고의 지복(해탈의 행복)입니다. 걱정의 소멸이 그 지고한 상태의 성취입니다. 존재-의식의 상태를 통해서, 바로 이 세계에서 바로 이 몸으로도 그 위없는 침묵의 삶을 언제 어느 때나 그리고 모든 상태에서 성취할 수 있습니다. '이승에서의 성취'니 '내생에서의 성취'니 하는 말들은 각기 외적인 삶과 내적인 삶을 가리킵니다.

"'나'와 '내 것'에 대한 자부심을 끊는 사람은 신들의 영역도 넘어선 세계로 들어간다"고 하는 타밀 베다[39]의 말[『띠루꾸랄』, 제346연]은 다른 세계와 다른 몸을 의미하는 것이 아닙니다.

따라서 에고의 완전한 상실은 몸을 유지하는 데 대한 책임을 운명(신)의 손에 과감히 넘겨주는 데서 나온다는 것을 분명하게 이해해야 한다. 그런 다음 꿈속에서조차도 몸에 대해서 생각함이 없이 본래적 상태에 머물러야 한다. 무엇을 해야 한다는 느낌을 상실하는 것이 깨달음 체험의 자연스러움에 대한 분명한 증거이다.[40]

---

39) (역주) '타밀 베다'는 베다와 같은 급으로 대접할 수 있는 타밀 지역의 경전을 가리키는 말로, 여기서는 『띠루꾸랄』을 가리킨다. 그러나 경우에 따라 다른 경전을 꼽기도 한다.
40) "이 수행은 아는 자와 앎의 느낌이 지속되는 한 계속해 나가야 한다. 그 이후에는 어떤 노력도 필요 없다. 허공처럼 오염 없는 순수하고 영원한 의식으로 머무르면서 이처럼 살아 있는 동안 해탈하면, 몸이 해체된 뒤에도 영원히 그것으로서 살게 될 것이다." ―『해탈정수』

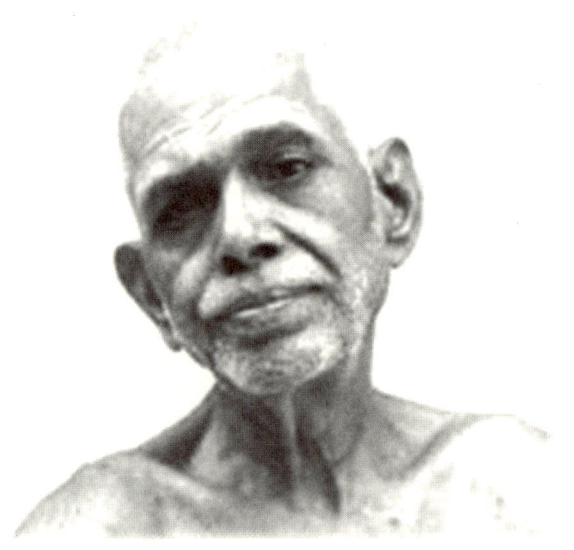

장면 8 : 의문 해소의 본질

개아와 브라만의 합일을 의미하는 해탈은 비이원적 상태이지만, 경전에서는 그것을 생전해탈生前解脫(jivanmukti)과 무신해탈無身解脫(videhamukti)의 두 가지로 이야기한다. 생전해탈에서 나타나는 배고픔 등의 느낌과 식사하기와 같은 경험들이 무신해탈에서는 나타나지 않는다. 그래서 어떤 사람들은 두 상태 사이에 어떤 차이가 있을 수 있다고 믿는다. 그러나 결정적인 견해는 이런 차이들이 상상의 산물일 뿐이라는 것이다.

다른 중요한 점 하나는 『해탈정수』에 있는 이 가르침에서 제시된다.

그들[해탈한 자들]은 생각에서 벗어나 있고, 따라서 자타가 공인하는 전 세계의 황제처럼 혹은 아기처럼 행복하게 산다. 속박과 해탈의 관념이 그들에게서는 아예 사라지며, 그들은 그런 것을 이야기하는 사람들에 대해 웃어 버린다. 그도 그럴 것이, 모기가 허공을 빨아들였다가 토해냈다고 말하는 사람이 있다면 웃어 버려야 하지 않겠는가?

이것은 해탈이 '석녀의 아들', '건달바의 성' 혹은 '토끼의 뿔'처럼 상상적이고 무의미한 것임을 의미한다. 더욱이 속박의 소멸이 해탈이니, 속박이 존재하지 않는다면 해탈도 존재할 수 없지 않은가? 시력에 결함이 있는 사람에게 보이는 햇빛의 노란 색깔이 그 결함이 없어지자마자 사라지듯이, 무지의 상태에서 실재하는 것처럼 보이는 속박은 참된 지知의 상태에서는 사라진다는 것이 성자들의 체험이다.

영원하고, 순수하고, 나뉘지 않고, 질병이 없고, 무형상이고, 무오염이며, 항상 존재하고 일체에 편재하는 존재-의식인 **지고아**는 그 전일적全一的 상태(완전한 상태)로 인해 비이원적인 실재이며, 그것이야말로 인간의 진정한 성품이다. 그와 별개의 것이 없는 그것은 그 무엇에 의해서도 결코 속박되지 않는다. 속박 자체가 없으므로 해탈도 없다. 그러니 존재하지 않는 해탈을 묘사하려고 하는 것은, 존재하지 않는 문학 작품의 성질을 상상하는 것과 같다.

석녀의 아들과 기둥에서 보이는 사람이 허공에서 딴 꽃들을 두르고 건달바의 성에서 자개의 은 가격을 놓고 다투다가, 토끼의 뿔로 무장하여 서로 싸우고 찔러 함께 죽어서 귀신이 되었다. 양식 있는 어떤 사람도 이런 이야기를 듣고 신나 하지 않을 것이다.

『해탈정수』에 나오는 이 말은 속박과 해탈의 관념이 환幻이라는 것을 분명하게 보여준다.

36. 해탈에 두 종류가 있다고 하는 것은 말로만 의미가 있다

'나는 속박되어 있다'는 생각이 지속되는 동안만 속박과 해탈의 생각이 지속된다네. '속박된 자는 누구인가?' 하는 탐구를 통해서 자신의 진아를 보면, 늘 성취되고 영원히 자유로운 진아만이 남는다네. 속박에 대한 생각이 머무르지 않는데 해탈에 대한 생각이 어떻게 머무를 수 있겠는가? ―「실재사십송」

(형상의 유무를) 분별하는 에고의 소멸이 해탈이라네. —「실재사십송」

이러한 마하르쉬님의 말씀들은 해탈에 대한 관념이 에고의 자취임을 보여준다. 미성숙한 사람들을 위해 해탈의 성취라는 관념을 잠정적으로 받아들일 수는 있겠지만, 해탈을 의미하는 '생전해탈자(jivanmukta)'라는 용어 자체는 그 안에 어떤 구분도 없다는 것을 분명히 보여준다. 해탈은 의식과 몸 사이의 매듭이 끊어지는 것일 뿐 몸의 죽음은 아니다. 만일 몸의 죽음 자체가 해탈이라면 모든 개아는 죽음을 통해 해탈을 얻게 될 것이다. 이런 견해는 (경전이나 스승들의) 가르침, 이성 그리고 경험에 반한다.

나고 죽음의 원인인 개인성의 소멸이 해탈이므로 생전해탈의 상태 자체에서도 그 사람은 몸이 없어지며, 그때부터는 더 이상 그가 성취해야 할 것이 없다. '생전해탈자'라는 용어가 그것을 설명해 주는데, 그것은 '개인성이 없는 자'라는 뜻이다.

생전해탈을 가리키는 '**진아의식**(prajnana)의 상태'는 오직 하나인 **브라만**의 의식 측면이다. 순수한 존재와 순수한 의식은 그 영원하고, 완전하고, 비이원적인 성품에서 조금도 치이기 없다. 생전해탈에서 지고아의 참된 성품으로 빛나는 진아의식이 무신해탈에서는 순수한 존재의 상태로 빛나며, 어떤 모습 변화도 겪지 않는다.41) '진아의식이 **브라만**이다(prajnanam Brahma)'라는 베다의 큰 말씀은 오직 하나인 순수한 존재와 오직 하나인 순수한 의식이 다르지 않음을 가리키는 것이 분명하다.42)

---

41) 하나이면서 [전도체 안의] 도처에 존재하는 전기는 그 형상 없는 성품으로 인해 눈에 보이지 않는다. 그러나 그것은 전구들의 빛남에 의해 자신의 존재를 드러낸다. 마찬가지로, 나뉘지 않은 비이원적 지고아는 그 초월적 성품으로 인해 대상적으로 눈에 보이지 않는다. 그러나 그것은 '나'라는 내적 의식을 통해 내적 기관[마음] 안에서 스스로를 드러낸다. 전구가 고장 나면, 그 전구를 통해 빛나던 전기는 자신 안으로 빛을 거두어들여 자신의 본래적 상태에 머무른다. 그와 마찬가지로, 내적 기관이 사라지면 그것을 통해 의식으로서 빛나던 지고아는 순수한 존재로서 자신의 본래적 상태에 머무른다.
42) (역주) 영어판에서는 누락된 문장이다.

37. 돈오적 해탈만이 지고한 해탈이다

우리는 **지고자** 안에 생전해탈과 무신해탈이라는 별개의 두 상태가 있는 것이 아니며, 그것은 몸에 대한 집착이 개인적 영혼에게만 있지 **지고아**에게는 없기 때문이라는 것을 보았다. **지고아**는 설사 그것이 몸 안에 거주한다 하더라도 마치 타마린드 열매의 씨앗처럼 몸에서 떨어져 있다. 따라서 조건지워지지 않은 **지고아**의 성품인 해탈의 상태를 신체적 부가물들과 연관지우는 것은 신체적 소견을 가진 사람들을 위한 가르침일 뿐이다.

이 점을 이해하기 위해 마하르쉬님의 대열반(mahanirvana)과 당시 하늘에 나타났던 밝은 빛 사이에 존재한다고 상상된 연관성을 탐색해 보자.

일부 경전에서는 해탈을 '점진적 해탈'과 '돈오적 해탈'의 두 종류가 있다고 이야기한다. 만일 그 밝은 빛의 출현을 요기들과 헌신자들이 성취하는 점진적 해탈의 많은 단계들 중 하나를 성취한 징표로 여긴다면, 일부 경전에서 그것을 뒷받침하는 구절을 발견할 수 있을 것이다. 그러나 그것을 돈오적 해탈의 성취—곧, 최고의 상태이고 오로지 위없는 지知 안에서 완성되신 바가반 같은 마하뿌루샤(mahapurusha)들만이 갖는 성취—의 증거로 여길 수는 없다. 점진적 해탈은 사후에만 성취되는 반면, 돈오적 해탈은 우리가 몸을 가지고 살아 있는 동안에도 직접체험으로서 성취할 수 있다. 그것은 궁극적인 해탈의 상태이다.

무지라는 원인신은 희유한 지知(jnana)의 불 속에서 재가 된다. 눈에 보이는 조대신(거친 몸)은 때가 되면 시체가 된다. 그러면 미세신은 마치 벌겋게 단 쇠에 떨어지는 물방울처럼, 세 가지 몸의 저변에 있고 내내 전체로서 남아 있는 진아 안에서 해소된다.

항아리라는 개체가 깨지자마자 항아리 안의 허공은 도처에 편재한 허공과 구분할 수 없게 되듯이, 몸의 한계가 사라지면 생전해탈자는 본래적이고 영원하며 몸이 없는 해탈의 상태, 시작이나 중간이나 끝이 없고 '안'과 '밖'이 없는 상태로 돌아간다. —『해탈정수』

『해탈정수』의 이 결론과 부합하게, 나뉘지 않은 완전한 존재-의식의 성품을 가진 생전해탈자에게는 어떠한 환생도 없다. 대열반의 상태에서는 그의 생명기운이 내적 기관·감각 기관들과 함께 마치 벌겋게 달구어진 쇠에 의해 증발되는 물처럼 브라만에 합일된다. 따라서 그의 생명기운은 또 다른 세계나 다른 몸을 찾지 않는다는 것을 분명히 알아야 한다.

진인이 개인성을 상실했을 때는 바로 그 순간 그의 몸도 상실한 것이다. 뱀이 허물을 벗어도 겉모습에서 아무 변화를 겪지 않듯이, 생전해탈자의 깨달음 상태 역시 부가물들이 상실되어도 아무 변화를 겪지 않는다.43)

바가반이 해탈과 비이원론—당신이 받아들이는 이 이론에 따르면 탄생과 죽음은 환인데—에 대해 하신 위 말씀은, 그 밝은 빛의 출현과 당신의 대열반을 연관지우는 견해들을 논박한다.44)

---

43) "도처에서, 바가반 라마나가 몸을 벗었다고 말한다. 그분이 몸을 벗은 것에 대해 누가 어떻게 느끼든, 진실은 그분이 자신의 에고를 포기한 바로 그 순간, 몸도 벗었다는 것이다." 이 것은 바가반의 열반에 대해 아짜리야 비노바지(Acharya Vinobhaji)가 한 말이다. 그의 빛나는 말씀과 바가반이 피력하신 견해들 간의 유사성에 주목해야 한다.
44) (편주) 1950년 4월 바가반이 타계하실 때, 밝은 유성 같은 빛 하나가 하늘을 가로질러 아루나찰라 쪽으로 이동하는 것이 목격되었다. 헌신자들은 이 현상을 여러 가지 방식으로 보았다. 마드라스, 러크나우 등 멀리 떨어진 도시의 일부 사람들도 바가반이 돌아가신 바로 그 순간 하늘에서 이 빛을 보았다. 이 구절에서 사두 나따나난다는, 그 빛의 출현을 두고 바가반이 당신의 아버지이자 스승인 아루나찰라와 최종적으로 결합한 하나의 물리적 현상이었다고 여긴 사람들이 있었다고 분명히 말하지는 않고 있다. 그가 말하는 것은, 바가반은 이미 형상 없는 내재적 진아 안에 그 진아로서 자리잡고 있었기 때문에, 당신이 죽을 때 결합을 이룰 수 있는, 당신과 별개의 그 어떤 것도 없었다는 것이다.

그래서 다르마를 확립하고, 덕 있는 자들을 보호하고, 사악한 자들을 소멸시키기 위해서 태어나는 여러 마하뿌루샤들의 탄생과 죽음 때 일어났다고 하는 신성한 장면들을 비이원론에 따른 브라만과 개아의 합일의 징표로 볼 수는 없다는 것이 분명하다.

경전을 읽고 스승의 가르침을 들은 결과로 속박과 해탈의 환적인 본질을 분명하게 이해하고 난 뒤에도, 직접 체험이 크게 강조된다. 이 점에 관해 진인들은 우리에게 다음과 같이 조언해 준다.

몸을 가진 삶이라는 질병이 단순히 청문·성찰·분명한 이해에 의해 변하겠습니까? 진아 쪽으로 돌아서서 진리로 안주함을 성취한 사람들에게서만 거짓된 탄생과 죽음이 소멸할 것입니다. ―따유마나바르

만약 마음이 진아의 빛이 있는 내면으로 향하고 밖으로 향하지 않으면, 이 세상 모든 사람이 마치 내가 나의 진아를 보았듯이 진아를 볼 수 있을 것이다. ―『스와루빠 사람』

이제 우리가 자신의 진정한 성품을 체험할 수 있도록 바가반이 우리에게 제시하신 수단을 탐색해 보자.

38. 그 수행방법은 죽는 법을 배우는 것이다

브라만을 아는 자가 브라민이며, 브라민의 자격은 거듭남으로써 얻어진다고 한다. 탄생과 죽음의 원인은 개아-성품이다. 따라서 두 번째 탄생(거듭남)의 진리는, 우리가 개아가 되어 있는 현재의 몸 안에서 개아-성품을

상실하고, 그에 따라 탄생과 죽음에서 벗어난 **지고아**의 상태를 성취하는 것이다. 성질에서 벗어난 순수한 의식일 뿐인 우리 자신의 진리는 침묵 (*mauna*)의 수행에 의해 얻어진다. 이것은 **지고아**의 진정한 성품이기도 하다. 탄생과 죽음이라는 불행을 끝내고 싶은 사람들은 죽는 법을 배워야 한다. 즉, 마음을 소멸하는 법을 배워야 한다. 그 수행방법은 단 한 생각 (*vritti*)도 일어날 여지를 주지 않는 것이다.45) 실로 이것이 **브라만**에 대한 직접체험(*Brahma sakshatkara*)을 성취하는 수단으로 바가반이 우리에게 제시해 주신 것이다.

오, 지고자시여! 그들이 분노를 극복하는 법을 배웠고 온갖 싯디를 가지고 있을지라도, 만일 마음을 절멸하는 법을 배우지 못했다면 그들이 무슨 말을 할 수 있겠습니까? —따유마나바르

마음을 정복하고 고요히 있을 수 있는 기술을 갖기는 극히 어렵습니다. —따유마나바르

모든 진인들은 이러한 지혜의 말씀들을 통해서, 마음을 절멸하는 법을 터득하는 것이 **브라만**에 대한 지知(*Brahma-jnana*)라고 이구동성으로 말한다. 마음을 제어하는 것보다 더 어려운 것은 없다. 따라서 마음을 소멸하기 위해서는 그것의 성품과 그것이 의식을 소유하고 통제하는 힘을 철저히 이해할 필요가 있다.

---

45) "근원으로 몰입하는 것이 행위·헌신·요가·지知의 길이 가르치는 것이라네." —「우빠데샤 운디야르(가르침의 핵심)」.

39. 자기를 놓치지 않고 있으면 모든 생각이 소멸된다

생각들의 다발이 곧 마음이다.46) 마음의 형상은 에고이므로, 에고의 소멸이 마음의 절멸이다. 마음의 형상을 탐구하는 것이 그것을 소멸하는 수단이다.47) '나'라는 느낌에는 진짜인 것과 가짜인 것의 두 가지 상태가 있다. 심장 안에서 존재-의식으로서 빛나는 것이 그것의 본래적 상태이다. 그것이 사하스라라 안에서 반사되는 것과 생각으로서 확산되는 것은 그것의 가짜 상태이다. 만일 구도자가 자신의 진정한 성품을 알고자 한다면, 자신의 생각을 제어할 필요가 있을 것이다. '나는 누구인가?' 하는 탐구가 이때 필요한 수행이다. '나는 누구인가?' 하는 탐구는 빛이 어둠을 극복하듯이 무지를 극복하는 지知를 낳는다. 빛과 어둠이 서로 상극이듯이, 지知 안의 무지와 무지 안의 지知는 서로 상극이다.

의식이 무지로 변한 것처럼 보이고 있다. 의식은 그 본래의 순수한 상태에서는 이 무지를 탐구하는 것이 불가능한데, 그렇다면 '나는 누구인가?'의 자기탐구는 어떻게 작용하는가? 자기탐구의 내적인 의미는, '의식이 생각으로 되면서 무지로 왜곡되는 일이 없이 존재-의식으로서 그 본래의 상태에 머물러 있어야 한다'는 것이다. 의식이 조금도 왜곡됨이 없이 그 본래의 상태에 머물러 있을 때, 이것이 참으로 에고의 소멸이며 자신의 진아를 얻은 것이다. 의식의 빛이 그 본래의 상태로 빛나고 있는 한, 무지의 어둠은 고개를 들지 않을 것이라고 우리는 결론지어야 한다. 따유마나바르는 다음 시에서 이것을 강조한다.

---

46) "마음은 생각들에 불과하다네. 모든 생각 중에서 '나'라는 생각이 뿌리이니, 마음은 '나'라는 생각일 뿐이네." ―「우빠데샤 운디야르」
47) "마음이 그 자신의 성품을 부단히 탐색하면, 마음 같은 것은 없음이 드러나네. 이것이 모두에게 직접적인 길이네." ―「우빠데샤 운디야르」
(역주) 본문의 이 한 문장은 영어판에서 누락되었다.

지知라는 것은 등불과 같습니다. 무지는 가짜 어둠입니다. 오염 없는 등불이 어둠을 찾아보면 어둠은 포착되지 않습니다. 마찬가지로, 우리가 의식으로서 머무르면 어떤 무지도 없습니다. 주님의 베다가 이것을 선언합니다.

따라서 의식은 그 위에 생각이라는 그림자들이 비치는 바탕이라는 것을 분명히 이해해야 한다. 의식이 그 진정한 성품, 곧 순수한 침묵의 상태에서 미끄러지지 않고 머물러 있을 때, 생각이라는 그림자 장면은 그 위에 나타나지 않을 것이다. 그래서 구도자는 생각들과 별개로 머물러 있어야 하고, 생각이 일어나고 가라앉는 것을 지켜보아야 한다. 실로 이것이 산깔빠(sankalpas)가 소멸되는 방식이며, 그것이 자기탐구이기도 하다.[48]

40. 한 생각의 출현도 본래적 상태에서 벗어났다는 징표이다

초심자들에게 명상 도중 간헐적으로 일어나는 몇 안 되는 생각들도 수행이 성숙하면 출현하지 않게 될 것이다. 출현하는 생각 하나하나마다 마음을 다양한 상태로 변화시키거나 왜곡한다는 것을 알아야 한다. 출현하는 생각 하나하나를 관하는 부단한 수행에 의해 마음의 고요함이 성취된다.

마음의 침잠沈潛과 마음 소멸(manonasa)은 별개의 상태이다. 두 상태 모두 생각은 없으나, 마음 소멸만이 속박의 지멸止滅과 진지(jnana)의 성취를 가져온다. 마음의 침잠으로는 무지가 소멸되지 않는다. 마음의 침잠은 요가적 수행으로 성취할 수 있다. 그것의 이익은 깊은 잠의 상태에서 체험

---

[48] "이 '나'는 어디서 일어나는가? 그것을 내면에서 탐색하면 그것이 사라진다네. 이것이 지혜의 추구라네." —「우빠데샤 운디야르」

하는 것과 비슷한 지복을 체험한다는 것뿐이다. 그것은 의식의 지복일 수 없다. 따라서 마음의 침잠에서 오는 마음의 평화를 진지의 성취로 여긴다면 자신을 속게 될 뿐이다. 매일 일어나는 잠 속에서는 누구나 자연스럽게 마음 없는 상태를 성취한다. 무지가 제거되고 행·불행 둘 다 없는 것이야말로 진지의 성취이며, 이것은 단지 생각의 소멸에 그치지 않는다.

당신께서는 그 안에 모든 우주들이 거주하는 지고의 공간에 대한 진리를 저에게 드러내셨습니다. 속박하는 마음 공간과 그 마음 공간 안에 합일되어 있던 이 죄인의 성품을 저에게 보여주셨습니다. 또한 무념의 상태와 지속적인 안주의 본래적 상태를 보여주셨습니다. 지복을 초월한 상태는 오래 시간이 지나야 저에게 보여주시겠습니까?

스리 따유마나바르가 지은 위의 기도에서는 그 초월적 상태야말로 진아 깨달음의 성취임을 말하고 있다는 점을 유념해야 한다.

41. 원습의 소멸이 수행의 끝이다

속박의 지멸이 해탈의 성취라고 이야기된다. 그러나 속박의 제거는 무지의 지멸에 의하지 않고는 성취할 수 없다. 따라서 구도자는 어떤 수단을 쓰든 무지의 지멸을 목표로 해야 한다. 무지는 원습(*vasanas*)의 형태를 취한다. 모든 원습은 그 뿌리에 육신습(*deha-vasana*)을 가지고 있다. '몸이 나'라는 이 관념이 모든 생각의 씨앗이므로, 그것이 지속되는 한 거기서 나오는 원습들을 완전히 소멸하기란 불가능하다. 그래서 진인들은 무지를 '몸이 나'라는 관념인 원초적 무지와, 거기서 나오는 생각들인 '거친 무지'

의 두 범주로 분류했다.

코르크를 계속 누르고 있을 때는 그것이 물에 잠겨 있지만, 누르는 힘을 거두기 무섭게 수면으로 올라온다. 그와 마찬가지로, 원습과 함께 심장 속에 가라앉아 있던 생각들은 수행이 느슨해지기 무섭게 일어난다.

> 저는 마음이라는 문제투성이 나무의 씨앗인 이 에고를 밀어낼 방도를 모르겠습니다. 그것을 계속 밀어내면 그것이 도로 달려옵니다. 그래서 저는 지쳤습니다.

『냐나 바쉬슈탐』에 나오는 이 말은 육신습을 소멸하지 않는 한 마음의 소멸이 불가능함을 보여준다.

땅굴·동굴·황무지 등의 은거지에서 몸 의식 없이, 또 그와 연관되는 어떤 자연적 움직임도 없이 라야 삼매(laya samadhi)에 오랜 기간 동안 몰입해 있는 요기들도 마음이 밖으로 나가면 그냥 무지한 사람들처럼 행동하는 것을 볼 수 있다. 그 이유는 에고라는 근본악이 완전히 소멸되지 않았기 때문이다. 삼매의 달인이었던 꽁기나(Kongana), 두르와시(Dhurvasa) 같은 요기들의 분노와 고뇌는 전설적이다.

> 원습들의 무리가 속박이고, 그것의 소멸이 해탈의 성취이다. 에고 의식이라는 근본 미혹이야말로 비참한 속박이다. 해탈은 무지라는 이 어둠의 소멸 아닌가?

이와 같이 『냐나 바쉬슈탐』은 육신습을 제거하는 것만이 속박을 제거하는 것이라고 선언한다.

42. 근본무지의 한계를 본 분들

타고난 아바두타(avadhuta-두타행자)였고 새처럼 방랑하던 또따뿌리조차도 스리 라마크리슈나가 지적해 주기 전까지는 자신의 심장 속에 깊이 감추어진 근본무지를 깨닫지 못했다.49)

나는 이제 친구인 체하던 나의 적인 그 도둑을 발견했다. 이제 그에게 벌을 주겠다.

이런 말을 한 자나까(Janaka) 왕조차도 뒤늦게야 에고의 미세한 성품을 인식한 것처럼 보인다.

아짜리야 샹까라의 내면에 베다적 신념이라는 외피 아래 숨겨져 있던 근본무지의 잔재는 인간의 모습으로 나타난 **주 비스와나타**(시바)가 드러내 주었고, 니다가(Nidaga)의 의식주의(儀式主義)라는 외피 밑에 숨겨져 있던 근본악의 잔재는 진인 리부(Ribhu)가 밝혀주었음을 『샹까라 비자얌』50)과 『리부 기타』에서 알 수 있다.51)

---

49) (편주) '모든 것은 브라만의 성품'이라는 비이원론을 가르친 라마크리슈나에게 또따뿌리가 한 번은 파이프 담배를 피우려고 성스러운 불을 사용한 어떤 무지한 사람을 질책했다. 라마크리슈나는 '그는 나와 다르다'나 '성스러운 불은 파이프를 피우기 위한 불과 다르다'와 같은 이원적 관념들이 또따뿌리의 내면에 숨겨져 있음을 알고는, 즉시 그에게 다가가 그 결함을 부드럽게 지적하며 이렇게 말했다. "그러니까 저에게 비이원론을 가르치신 것은 저만을 위해서였습니까? 당신을 위한 것이기도 하지 않습니까?" 이 말을 듣고 나서야 또따뿌리는 자신에게 남아 있는 개인성의 자취를 알아차리게 되었다.
50) (역주) Sankara Vijayam. 샹까라에 관한 전기. 몇 가지 판본이 있다.
51) (역주) 『리부 기타』는 진인 리부가 제자 니다가에게 주는 가르침이다.

43. 몸에 대한 집착을 소멸하는 것이 지고의 따빠스이다

'몸이 나'라는 관념의 소멸이야말로 마하르쉬님이 말씀하신 따빠스의 길이므로,52) 구도자는 자신의 생각·말·행동 하나하나에 '몸이 나'라는 믿음이 존재하는지 여부를 자신의 내면에서 부단히 점검해야 한다. 내적 집착은 명상만으로 소멸되지 않는다. 꿈속에서조차 에고가 일어나지 않게 하고 주시자 상태에 부단히 머무르는 그런 수행에 의해서만 에고의 뿌리를 소멸할 수 있다.

그 씨앗이 소멸되면 그것의 잠재적인 성장도 소멸된다. 완전히 무욕인 사람들만이 산깔빠(욕망이나 의도)의 소멸을 성취할 수 있다. 모든 경전은, 산깔빠의 소멸이 원습의 소멸에 의해서만 일어난다고 말한다. 샹까라도 "탐닉에서 벗어난 상태에서 고요함이 성취된다(Nirmohatve nichala tattvam)"53)는 구절에서, '탐닉(moha)'을 없애는 것이 생각에서 벗어나는 수단임을 확인해 준다.

44. 속박의 잔재를 찾아내어 그것을 완전히 소멸하라

스리 라마나는 당신께 귀의한 헌신자들에게 다섯 껍질(pancha kosha)을 없애줌으로써 실재의 상태를 드러내셨다. 더욱이 당신은 누군가가 진아의 본래적 상태에서 미끄러져 자신이 개아라는 믿음으로 행동하는 것을 발견

---

52) (역주) "'나'가 사라진 뒤 남아 있는 것이 무엇인지를 아는 그것이야말로 수승한 따빠스라고 주 라마나는 말씀하셨네." —「우빠데샤 운디야르」.
53) (역주) 원문: "삿상에서 무집착이, 무집착에서 미혹 없음이, 미혹 없음에서 고요함이, 고요함에서 생전해탈이 나온다(Satsanghatve nissangatvam, nissangatve nirmohatvam, nirmohatve nischala-tattvam, nischala-tattve jeevan mukti)". —『Bhaja Govindam』, 9.

하면, 즉시 그 과오를 지적해 주시곤 했다. 이와 같이 당신은 깨달음의 체험이 확고해지도록 도와주셨다. 다음 사건이 이 점을 잘 보여준다.

어느 날 밤 아쉬람에 몇 명의 도둑이 들어와 창문의 유리를 깨기 시작했다.

바가반이 도둑들에게 자애롭게 말씀하셨다. "왜 그렇게 번거롭게 창문을 깨면서 방으로 들어오려고 하나? 우리가 자네들을 위해 문을 열어주겠네. 원하는 건 뭐든지 집어가게. 전혀 방해하지 않을 테니."

그런 다음 당신은 문들을 다 열게 하셨다. 그런데도 도둑들은 바가반의 몸에 폭행을 가했다. 그것을 보다 못한 한 헌신자가 보복하려고 나서자 마하르쉬님이 개입하여 말씀하셨다.

"그만, 그만! 그게 무슨 짓이야? 우리는 행동을 시작하기 전에 상황을 살펴야 하지 않나? 그들은 뭘 모르는 도둑이고 남의 물건을 빼앗는 게 그들의 직업이지. 그들이 선과 악 같은 분별을 알겠나? 그들은 자신들의 목적을 이루기 위해 어떤 일도 할 태세야. 옳고 그름을 돌아보지 않는 사람들과 같은 악행을 반복하며 사두인 우리[54]가 보복을 한다면, 그들과 우리가 무슨 차이가 있나? 세상 사람들이 우리를 어떻게 생각하겠나?"

이처럼 당신은 친절한 조언을 베풀어 그 헌신자를 진정시키고, 사두들은 어떤 상황에서도 그들의 출가자 규범(sannyasa dharma)에서 어긋나지 말아야 한다는 것을 강조하셨다.

이 사건을 통해 마하르쉬님은 당신의 헌신자들에게 매우 희유한 조언을 주신 것이다. 마하르쉬님이 헌신자들의 영적인 복리를 위해 그들을 도와주신 사례는 무수하다.

---

54) '우리'라는 것은, 그 헌신자를 공경하고 예를 다해 그에게 조언해 주기 위해 사용한 말이다.

45. 뛰어나게 겸허한 것이야말로 성숙한 이들의 장식품이다

"겸허함은 사람을 영원한 삶으로 드높여준다"고 타밀 베다(『띠루꾸랄』)에서 말하듯이, 바가반은 이렇게 말씀하셨다.

불멸을 하사하는 겸허함의 힘은 성취하기 힘든 힘들 가운데서 으뜸입니다. 학식 기타 유사한 덕들의 유일한 이익은 겸허함을 성취하는 것이고, 겸허함이야말로 진인들의 진정한 장식품입니다. 그것은 다른 모든 덕의 창고이며, 그래서 신적 은총의 부富로 칭송받습니다. 그것이 통상 현자들에게 어울리는 특징이기는 하나, 특히 사두들에게 필수 불가결합니다.

겸허하지 않고는 누구도 위대함을 성취하기란 불가능하므로, 특히 영적인 길을 가는 구도자들에게 제시되는 금계禁戒(yama)나 권계勸戒(niyama)와 같은 모든 행위규율은 그 목표가 오직 겸허함을 성취하는 것일 뿐입니다. 겸허함이야말로 에고 소멸의 지표이기 때문에, 사두 자신들조차 겸허함을 그들에게 어울리는 행위준칙으로 특별히 찬양하는 것입니다.

특히 아루나찰라에 거주하고 있는 사람들에게는 모든 면에서 그것이 필수 불가결합니다. 브라마·비슈누·샥띠(Sakti)와 같은 신의 화현들조차도 겸손하게 가라앉았던 신성한 곳인 이 아루나찰라는 겸허해지지 않으려고 하는 사람들조차도 겸허하게 만드는 힘을 가지고 있기 때문에, 아루나찰라에서 겸허하게 가라앉지 않는 사람들은 달리 어디에서도 그 유익한 덕을 성취하지 못할 것이 분명합니다. 높은 것들 중에서 가장 높은 분인 **마헤스와라**(시바)가 누구도 겨룰 자 없고 능가할 자 없이 빛나는 것은, 그가 겸허한 자들 중에서 가장 겸허하기 때문입니다. 전적으로 독립적인 지고의 주(Parameswara)에게도 겸허함이라는 신적인 덕이 필요하다면, 그런 독립성을 갖지 못한 사두들에게 그것이 절대적으로 필요하다는 것은 두말할 필요가 없지요! 따라서 사두들은 내면적인 삶에서는 물론이고 외부적인 삶에서도 온전하고 완전한 겸허함을 지녀야 합니다. 겸허함은 헌신자들에게만 필요한 것이 아닙니다. 신에게도 그것은 특징적인 덕입니다.

바가반은 겸허함을 지닌 것이야말로 은총을 지녔다는 유일한 징표라고 하면서, 모든 부류의 사람들이 겸허함을 닦아야 하며, 지적으로 우수하다고 해도 겸허하지 않은 사람은 사두가 될 수 없다고 헌신자들에게 종종 말씀하셨다. 그리고 당신의 모든 행동에서 겸허함을 보여주셨다. 모두가 당신을 신 자신으로 숭배했지만, 당신은 겸허함에서 흔들림이 없으셨다.

그 한 예로, 아쉬람 운영자의 행위를 비난하던 한 사두가 한번은 인내심을 잃고 폭력을 행사할 태세를 보이자, 그것을 보신 바가반이 즉시 개입하여 당신의 자비로운 손으로 그 사두가 그런 악행을 하지 못하게 말리신 다음, 친절한 조언으로 그의 무지를 지적하시고 말씀을 이렇게 마무리하셨다.

"저의 목표는 그대의 자유를 방해하는 것이 아닙니다. 그대의 행위가 적절한 처신의 한도를 넘을 것처럼 보였기 때문에, 그대 자신을 위해서가 아니라 해도 출가자 규범을 보호하기 위해서 개입할 수밖에 없었습니다. 그런 개입이 저의 성품에 맞지는 않지만 말입니다. 그대에게 무슨 충고를 하는 것이 아닙니다. 그대가 여기 살고 있기 때문에 이런 이야기까지 하는 것입니다. 이런 말에 좋은 점이 있다면 그것을 받아들이십시오. 나이든 이들은 '아이들 말이라도 배울 점이 있으면 받아들여야 한다'고 말하고 있습니다."

이와 같이 바가반은 부드러운 말씀으로 사두 규범을 친절하게 설명해 주며 그 사두를 진정시켰다. 그날 이후 그 사두는 완전히 바뀌었고, 복이 많게도 바가반을 신 자신으로 숭배하기에 이르렀다. 당신께 귀의한 한 사두의 부적절한 행동을 제지해야 하는 불가피한 임무를 수행하는 동안에도, 당신이 발휘하신 겸허함은 실로 겸허함의 극치였다!

46. 차별상을 보지 않는 것이야말로 참된 체험의 본질이다

에고의 소멸, 매듭 끊기, 자기 자신 잃기, 생전해탈, 개인성의 상실―이 모든 용어는 자기 내맡김(완전한 순복)의 동의어일 뿐이다. 원습의 완전 소멸이야말로 개인성을 완전히 포기했다는 증거이다. 따라서 진인들에게는 다음의 특징들이 자연스럽다.

(1) 지각되는 대상이 없기 때문에, 진인들에게는 마음의 고요함이 자연스럽고, 즐겁거나 즐겁지 않은 느낌이 일어나지 않는다. 신나거나 우울함, 행복과 불행, 얻음과 잃음, 칭찬과 비방과 같은 상대물의 쌍들이 머리를 쳐들지 않는다. 그런 것들은 개인적 존재의 특징이기 때문이다.

(2) 모든 개인에게서 진아만을 지각하는 평등견을 가지고 있는 진인들에게는 차별상(bheda bhava)의 느낌이 없으므로, 부가물과 연관되는 좋아함과 싫어함, 선과 악, 우정과 적의와 같은 결함들이 나타나지 않는다.

(3) 몸의 존속을 발현업發現業(prarabdha)에 넘겨줘 버리고 꿈속에서조차 고요함의 상태를 벗어나지 않는 진인들은 무엇을 성취해야 한다는 느낌이 없기 때문에 어떤 외부적 활동과도 연관되지 않는다. 바람에 의한 풍차의 회전이 그 버팀대에 영향을 주지 않듯이, 발현업에 의해 작동되는 감각 기관의 활동들은 진인의 본래적 상태에 영향을 주지 않는다. 감각 기관의

모든 활동에 대해 주시자일 뿐인 진인은 때로 온갖 사람들이 하자는 대로 하는 것처럼 보이기도 한다. 그러나 무엇을 행하거나 경험하든 그의 마음은 늘 침묵 속에 있다. 그래서 결론은, 어떤 상황에서도 그는 자신의 본래적 상태에서 벗어나지 않는다는 것이다.

46(a). 진인의 성품과 행동[55]

아쉬람의 복지에 관심을 가지고 있던 헌신자들은 일부 헌신자들이 초안을 만든 (바가반의) 유언장에 대해 당연히 그 장단점을 따져볼 권리가 있었다. 이 유언장에는 바가반의 표시[서명을 대신한 직선 하나]가 있는데, 그 목적은 아쉬람의 운영에 관한 영구적인 방침을 정하기 위한 것이었다. 그러나 영적인 통찰력 없이는 그런 행위(유언장 서명)의 진리성에 도달하기란 불가능하다.

> 자기 자신을 소멸하고 자신의 지복의 성품에 대해 깨어 있는 사람에게 성취해야 할 무엇이 남아 있겠는가? 그는 자신 아닌 어떤 것도 보지 않는다네. 그의 상태를 누가 이해할 수 있는가? ―「실재사십송」

이 시구에서는 바가반 자신이 당신 자신과 같은 진인들의 초월적 상태를 분명하게 묘사하고 있다. 따라서 알 만한 사람들이라면, 성취할 뭔가가

---

[55] (편주) 이 절에 나오는 모든 이야기와 가르침은 사두 나따나난다가 제46절의 3)항에 덧붙인 장문의 각주에 나오는 것이다. 나는 그 대부분을 본문에 편입하고 제목을 붙였다. 그 이야기들 중 일부는 논리의 흐름과 가독성을 위해 순서를 조정했다. 이 수정된 형태에서도 때로는 그 사고의 흐름을 따라가기가 어렵다. 사두 나따나난다는 몇 가지 사례와 곁가지 이야기를 한 뒤에, 우리가 진인의 행위 이면의 이유를 결코 이해할 수 없으며, 그것은 우리가 그것을 이해할 만큼 영적으로 자격을 갖추지 못했기 때문이라고 주장하는 듯하다.

있다는 느낌이 없는 진인들의 친존에서 일어나는 그런 신적인 행위들 이면의 불가사의를 탐색하려 들기 전에, 그에 필요한 (자신의) 능력을 숙고해 보는 것이 좋다.

다른 사람들의 마음을 읽는 데 달인이었던 스리 세샤드리 스와미가 한번은 바가반의 친존에 앉아 있다가 일어나면서 말했다. "이 사람[바가반]은 무슨 생각을 하고 있는지 모르겠군!" 그는 바가반의 드높은 성품, 곧 순수한 존재의 '생각을 떠난 상태'를 놀라워하면서, "진인만이 진인을 알아볼 수 있다"고 하는 금언의 진리를 확인해 준 것이다. 그럴진대, 보통 사람들이 진인들의 외부적 행위 이면의 불가사의를 판정하는 것이 어떻게 가능하겠는가?56)

마음이 소멸된 사람들만이 진인인 것이다. 생전해탈자들은 모든 개념을 초월하여 그들의 본래적 상태에서 순수한 존재로서 빛난다. 그런 이들의 행위를 탐색하려면, 그들이 (보통 사람처럼) 행위를 하여 뭔가를 성취해야겠다는 느낌을 가지고 있어야 할 것이다. 그러나 외부의 관찰자들에게 보이는 진인의 활동은 (보는 이들의) 덧씌움일 뿐이다. 예를 하나 들어 보겠다.

바가반의 생애 마지막 무렵, 당신은 암으로 고통 받으면서도 헌신자들이 준비한 치료에 무관심한 상태로 계셨다. 그런 치료가 헌신자들의 뜻이었기에, 당신은 의사들이 당신의 몸을 알아서 보살피게 넘겨주셨다.

---

56) 바가반의 한 헌신자가 한번은 스리 세샤드리 스와미에게 가서 가르침을 청했다.

　세샤드리 스와미가 그에게 말했다. "지知라, 지知라, 그게 무슨 뜻인가? 지知란 탐구를 통해 찰나적인 것들을 하나하나 물리치고 난 뒤에 남아 있는 것이지. 그것만이 실재야. 신, 주님, 나, 너―이 모든 게 그것일 뿐이야. 산이나 동굴에 들어가야 지知를 얻을 수 있다고 생각하면서 여기저기 돌아다니는 것은 미친 짓이지."

　그는 이런 말로써 브라만에 대한 지知를 간결명료하게 가르쳤을 뿐 아니라, 지知를 얻기 위해 출가수행이 필수불가결하지는 않다는 것을 분명히 했다.

　바가반이 이 가르침에 대한 이야기를 듣자 놀라면서 이렇게 말씀하셨다. "아, 세샤드리 스와미가 브라만에 대한 지知를 얼마나 분명하게 가르쳤습니까! 이런 위대한 존재를 미친 사람이라고 부르다니! 세상 사람들의 방식은 정말 이상하지요!"

　이런 말씀을 놓고 볼 때, 세샤드리 스와미가 바가반과 그의 상태를 알았던 것과 마찬가지로, 바가반도 세샤드리 스와미를 아주 잘 알고 있었음이 분명하다.

당신은 이렇게 말씀하셨다. "우리의 일은 일어나는 모든 것을 지켜보는 것뿐입니다. 무엇에 대해 이렇게 저렇게 상상하는 것이 아닙니다."

당신은 마지막 순간까지도 걱정에서 벗어난 주시자로 머무르셨다. 헌신자들은 오랜 치료 끝에도 당신의 상태에 아무 차도가 없는 것을 알고 동요했고, 의사들이 최후의 수단으로 처방했던 극단적 치료법에 대한 당신의 의견을 알고 싶어 했다.

바가반이 대답하셨다. "왜 그런 걸 다 묻습니까? 제가 치료를 부탁했습니까? 이 일을 주도한 것은 그대들 아닙니까? '이렇게 해야 한다'거나 '이렇게 하면 안 된다'와 같은 관념들은 그대들에게만 일어납니다. 저는 그런 것과 무관합니다."

그런 다음 당신은 침묵을 지키셨다. 이 문제를 탐색해 보는 사람들은 바가반이 활동과 연관된 것은 당신이 몸과 함께 하는 정도에서만 그랬을 뿐임을 알게 될 것이다.

반면에 아쉬람 운영을 위한 조치들을 유서를 통해 마련한 것에 대해 바가반이 아무것도 모르셨다고 말하는 것은 당신에 대해 과장된 찬사를 퍼부으려고 하는 것일 뿐이다. 그 이유는 다음과 같다.

> 무엇이 오든, 무엇을 하든, 무엇을 즐기든, 그 어떤 것도 내가 되지 않는 가운데 나는 지知로서 (그와) 별개임을 알고, 별개로 남아 있네.
>
> ―『스와루빠 사람』

바가반은 위에서 이야기한 경험을 들려주면서도, 세 가지 상태에서 일어나는 장면들 중 어느 것에도 조금도 집착이 없이 지知의 주主로서 늘 본래적 상태에 위엄 있게 자리잡고 계셨다. 어떤 것에 대한 욕망이 당신의 주시자 상태와 부합하지 않듯이, 염오厭惡도 마찬가지였다.

사원 건축이라든가 예배 절차, 일상 식단의 세부 사항, 헌신자들의 경조사에 대한 소식 등 아쉬람의 계획과 일과에 대해서는 즉시 바가반께 알려드리는 것이 관행이었다. 당신은 일체를 알고 계셨지만, 늘 아무것도 모르는 사람으로 남아 계셨다.

바가반 자신이 이렇게 말씀하신 적이 있다. "항상 순수한 허공에 냄새가 붙지 않듯이, 늘 진아만을 보는 진인에게는 사물들이 붙지 않습니다. 따라서 순수한 지知는 어떤 것도 알지 못하는 침묵의 상태일 뿐입니다." 진인들은 어떤 일에서도 무엇을 해야 한다는 느낌(kartavya bhava)을 가져서 낙담하는 일이 결코 없음이 분명하다. 신의 친존에서 일어나는 창조 등 자연의 행위들이 그에게 붙지 않듯이, 진인의 친존에서 일어나는 헌신자들과 관련된 세간적 행위들도 그에게 붙지 않는다.

생시의 상태에서 우리는 열 가지 감각 기관의 춤을 지켜볼 것이다. 꿈속에서는 마음의 춤을 지켜볼 것이다. 무념의 잠 속에서는 비유非有의 공空의 춤을 공연하면서 늘 드높은 실재로 머무를 것이다.

『스와루삐 시람』

자석산은 스스로 움직이지 않고 사물들을 움직이게 하지도 않지만 쇳조각들이 그것 쪽으로 향하듯이, 나는 스스로 움직이지 않고 남들을 움직이게 하지도 않지만 전 세계가 내 앞에서 활동한다.

―『해탈정수』

경전에서 말하기를, 모든 행위는 자원自願(iccha)·비자원非自願(aniccha)·타원他願(pareccha)이라는 발현업의 세 가지 유형 중 하나에 속한다고 한다. 뒤의 두 가지 발현업 때문에 진인들의 경우에도 어떤 행위들이 적은 범위에서 일어날 수 있다. 이런 행위들이 나타난다 해도, 진인들의 성품은 그 행위들과 별개로 남아 있으므로 그들은 그 어느 것과도 연관되지 않는다. 이것이 경전의 결론이다. 자신이 작용인作用因(instrumental cause-변화 야기자)으로 관여한 사건들에 의해 영향을 받지 않는 사람만이 확고한 진인이다.

실로 이것이 생전해탈자의 체험이다. 헌신자들의 태도가 주님에게서 반영되듯이, 진인에게 다가가는 사람들의 태도는 그에게서 반영된다. 초월적인 지견知見을 가진 브라만 지자知者(Brahma jnanis)들은 그 어떤 것도 흡수하지 않는다. 설사 흡수한다 할지라도 그에 집착하지 않으므로, 그들은 그에 속박되지 않는다.

엄마가 아이에게 이야기할 때 자신을 아이의 상태에 두어야 하듯이, 진인이 그의 바람과 무관하게 일어나는 문제들을 우호적으로 해결하기 위해서는 그에게 다가오는 사람들의 상태를 취해야 한다. 다음 이야기들이 이 점을 잘 보여준다.

(1) 한번은 바가반이 살고 계시던 아루나찰라에서도 무신론의 유령이 마구 춤을 추기 시작했다.

영원한 종교(sanatana dharma-힌두들이 자신들의 종교를 지칭하는 말)를 수호하는 데 관심이 있던 일단의 학자들이 바가반을 찾아왔다. 으뜸가는 베다학자 한 사람이 그들의 지도자였다. 그들은 당신께 절을 하고 나서 말했다. "베다교는 아득한 옛적부터 이 인도 땅에 확고히 뿌리를 내렸습니다. 태곳적부터 마하리쉬들이 그것을 키워 왔습니다. 그래서 베다교의 하위그룹 각각은 그 계보의 창시자인 한 분의 마하리쉬가 있습니다. 이 오래된 베다의 나무가 이제 무신론의 태풍에 의해 흔들리고 있습니다. 가능한 모든 수단을 써서 그것을 확고히 재확립해야 합니다. 태고의 리쉬들 계보에 속하시는 당신께서 이러한 노력을 지원해 주셔야 합니다."

바가반이 대답하셨다. "물론이지요! 얼마든지 그렇게 하십시오. 하지만 저를 거기에 관여시키지 마십시오." 이와 같이 당신은 그들의 붙듦에서 벗어나셨다. 그러나 그들은 바가반의 답변을 자신들의 노력에 대한 축복으로 여기고 만족했다.

(2) 브라민이 아닌 사람이 한번은 바가반께 질문을 했다. 그는 『시바 아쉬또뜨람(Siva Ashtotram)』에 나오는—'브라민이신 그분께 예경을 올립니다'라고 할 때의—시바의 이름들 중 하나를 거론하면서, "왜 **주님**을 한 분의 브라민으로만 묘사합니까?"

바가반은 이런 말씀으로 그를 달래셔야 했다. "왜 그대는 자신을 수드라라고 상상합니까? '나는 브라민이다', '나는 수드라다'와 같은 차별상 관념들은 무지에서 일어날 뿐입니다. 실재하는 상태에서는 어떤 종류의 차별상도 존재하지 않습니다."

(3) 바가반을 찾아온 다른 헌신자는, 만뜨레스와라(Mantreswara)[진언의 주]로 불리던 자기 아버지가 그에게 샥띠 빤짜악샤리(sakti panchakshari) 진언을 주면서 그 진언이 해탈에 이르는 수단이라고 말했다면서, 그것에 대해 여쭈었다.

바가반은 동의하고 이렇게 말씀하셨다. "그 진언은 실로 해탈에 이르는 길이지요."

그 아들이 또 다른 질문을 던졌다. "만약 그렇다면, 당신께서도 이 진언을 닦으십니까?" 바가반은 이렇게 답변하실 수밖에 없었다. "예, 예. 같은 진언만 합니다."

이 경우에, 그리고 방금 말한 다른 모든 대화에서도 바가반의 친존에서 나타난 헌신자들의 태도와 마음속의 생각들이 당신의 답변을 결정했다.

유언장의 문제로 돌아가서, 바가반은 정부 관리의 질문에 이렇게 답변하셨다. "이 재산들은 저에게 속합니다. 헌신자들이 준 것입니다." 하지만 바가반은 언젠가 당신의 아우가 바가반과의 친족관계를 구실로 아쉬람 재산의 소유권을 주장하는 것을 질책하셨다.

잘 알려진 오랜 헌신자 한 사람이 바가반께 당신이 그 유언장의 작성에 관여하셨는지를 여쭈었다. 바가반은 그의 말을 자르면서 "그대가 하러 온 일을 하십시오. 이런 헛된 질문이 다 무슨 소용 있습니까?" 하시고, 더 이상 질문할 여지를 주지 않으셨다.

이것을 볼 때 자기 자신과 연관되지 않는 일에 관여하는 것은 유치한 짓이라는 것이 명백하다.

이 모순의 해결은 적절한 탐색 없이는 풀릴 수 없다. 진인들과 관련되는 이런 모든 행위에서 만일 우리가 그 행위들의 내적인 의미를 알지 못한 채 성급한 결론을 내린다면, 우리 자신의 심적인 성향을 진인들에게 억지로 떠안기는 격이 될 뿐이다.

> 우리가 어떤 출처에서 무엇을 알게 되든, 그 이면의 참된 의미를 보는 것이 진정한 앎이다. ―『띠루꾸랄』

이 말씀을 따른 스와미 비베카난다는 일체를 과학적이고 합리적인 시각에서 점검하는 습관이 있었다. 그는 자신의 참스승인 바가반 라마크리슈나의 모든 말과 행동을 의심하고 불신했기 때문에 오랫동안 그와 논쟁을 했다. 그런 지적인 거인조차도 결국에는 '마음이 협소한 우리 인간들은 진인들의 고원한 목적을 알 수 없다'고 결론 내리지 않을 수 없었다. 이것을 유념한다면, 바가반의 덕과 오점들을 찾아내려 하는 사람들의 옹졸한 성품을 굳이 드러낼 필요가 있겠는가?

바가반은 한 사람의 몸을 가진 존재로서 당신 자신을 나투고 계실 때에도, 늘 부가물(몸과 마음)에서 벗어난 상태에 머무르셨다. 당신의 진정한 성품을 볼 수 있는 사람들에게는 당신의 모든 세간적 행위가 환으로 보일 것이 분명하다.

무엇이든 자기에게 오는 대로 만족하며, 상대물의 쌍들을 넘어섰고, 악의에서 벗어나 성공과 실패에 평등한 마음이므로, 비록 일을 해도 그는 속박되지 않는다. ―「바가바드 기타 요지」

그는 쁘라끄리띠에 의해 속박 당하지 않으므로 해탈자라는 이름을 얻었다. 그는 쁘라끄리띠의 활동으로 인해 말을 해야 할 때조차도 결코 집착하지 않는다. ―「진아 깨달음 장」

전 우주가 자신의 진아이며 의식의 형상임을 보아서 **시밤**(Sivam)이 된 진인에게, 걸러내고 물리쳐야 할 것이 뭐가 있으며, 적합하다고 받아들여야 할 것이 뭐가 있는가?

진인은 하나가 되어 고요하고 오점이 없다. 그는 허공을 위시한 일체를 그 자신의 형상으로 가지고 있다. 그가 버리는 행위는 근지된 행위가 되고, 취하는 행위는 적합한 행위가 된다. ―『스와루빠 사람』

스리 라마크리슈나는 말했다. "설사 스승님이 술집을 자주 가는 분이라 해도, 나는 그분께 어떤 오점도 덧씌우지 않겠다. 왜인가? 그런다고 해서 당신이 스승의 성품을 잃지 않으신다는 것을 알기 때문이다. 내가 당신께 귀의한 것은 당신의 외적인 삶을 점검하고 조사하기 위해서가 아니다. 그것은 내가 해야 할 일도 아니다. 따라서 무슨 일이 있어도, 당신만이 나의 스승님이시다."

바가반이 "그대가 하러 온 일을 하십시오. 이런 헛된 질문이 다 무슨 소용 있습니까?"라고 하신 말씀은 이미 인용했다. 위의 설명은, 이 가르침에 따라 자신들의 지고한 헌신을 완성하기 위해 바가반의 도움을 구하는 사람들에게 진인들의 외적인 행위를 점검하는 일은 부질없다는 것을 보여주기 위한 것일 뿐이다. 바가반과 관련된 그런 어떤 활동의 내적 의미에 대해 명확한 결론을 끌어내기 위한 것은 아니다.

장면 9 : 체험의 확고함의 본질

앞에서는 개아와 브라만의 합일의 진리와 그 체험의 본질을 살펴보았다. 이제 "거울이 늘 깨끗하다 해도 그것을 자주 청소하는 데는 확실히 아무 해가 없다"는 『해탈정수』의 가르침과 부합하게, 자기체험의 확고함과 순수한 존재 상태의 자연스러움에 대한 미세한 설명을 살펴보자.

47. 존재의 의식과 신의 진리

존재하는 것(실재)은 모든 심장에 편재하며, 다른 어떤 것의 도움도 없이 늘 자신의 진리를 드러내고 있다. 그것은 타자성의 느낌이 없이 1인칭['나'] 으로서 모두에게 직접 그 자신을 드러내고 있다. '나'를 그것의 첫 번째 이름으로 간주하는 것이 진인들의 전통이다. '어떤 이름이나 형상도 없는 **일자**—者(하나)에게 붙는 천 개의 이름'도 적절한 표현이기는 하지만, 그것에게 자연스럽게 어울리는 이름은 '나'뿐이다. 왜냐하면 이것이 모든 인류의 공통되고 자연스러운 경험이기 때문이다. 따라서 '내가 있다'는 자기체험이 곧 **브라만**의 체험이다.

저는 과거의 무수한 생에서 몸을 자기로 착각했습니다. 스승님의 은총으로 저는 높거나 낮은 모든 것을 하나의 신기루로 보면서, '나로서의 진아를 깨달아 해탈했습니다. ―『해탈정수』

이러한 체험의 말씀과 부합하게, 하나의 반사된 형태일 뿐인 개인아가 아닌 **지고아**로서의 우리의 진정한 성품만을 '나'라는 느낌의 의미로 받아들여야 한다.

48. 진아의식과 지고의 실재

존재하는 다른 의식은 존재하지 않기 때문에, 존재하는 것이 곧 의식이라네. 우리가 그 의식 자체라네. ―「우빠데샤 운디야르」

(…) 자기 자신 안에서 존재로서 머무르는 것이 그것을 관하는 것이라네. ―「실재사십송」

바가반의 위 가르침은 개아와 브라만의 동일성, 곧 부가물 없는 의식과 신이 하나임을 뜻하며, 그 비이원적인 진리는 "쁘라냐남 브라마(prajnanam Brahma)[진아의식이 실재다]"라는 베다의 첫 번째 큰 말씀에서도 나타난다.

'쁘라냐남'과 '브라마'라는 두 단어는 의미가 다르지 않다. 이 진술은 쁘라냐남이 곧 **브라만**이고 **브라만**이 곧 쁘라냐남이라는 것을 선언한다. 즉, '있다(am)'는 의식과 순수 존재 '나(I)'는 동일하다. 쁘라냐남과 **브라만**은 각기 생전해탈과 무신해탈 상태를 가리킨다. 그러나 이 두 상태는 신체적 경험에서만 다를 뿐 그 본질에서는 다르지 않다.

항아리의 한계 때문에 같은 공간이 항아리 공간과 대공大空(maha akasa)의 이원적 상태로 나타나지만, 탐색해 보면 그 둘은 다르지 않다. 더욱이 나뉘지 않은 같은 공간이 항아리의 존재를 뒷받침해 준다. 같은 의식이 몸이라는 한계 때문에 개인적 의식과 절대적 의식이라는 이원적 상태로 묘사된다. 그러나 조건지워지지 않은 시각으로 볼 때는 그것이 비이원적으로 된다. 의식은 조건지움의 지지물이기도 하므로 (그 조건지움을 넘어서면) 그것이 충만함과 완전함을 성취하게 된다. 초월적 시각에서는 안과 밖, 형상과 무형상, 부분과 전체와 같은 미혹들이 제거되고 비이원적인 체험이 성취된다.57)

49. 참된 지知와 무지

지知(jnana)라는 '의식하는 원리'는 스스로 존재하고 스스로 의식하며 늘 도처에 존재하므로 무지는 언제 어디에서도 존재할 수 없다. 이것이 진실이지만, 마야의 경이로운 힘으로 인해 실재가 사라지고 비실재가 나타나는 미혹이 야기된다. 우리가 자신에 대해 '나는 무지하다'고 느끼게 되는 그 앎과 지知는 다르지 않다. 어떤 무정물無情物의 존재를 아는 데 필요한 눈은 그 무정물의 부존재를 아는 데도 필요하고, '지성적 존재'의 존재를 아는 데 필요한 의식은 그것의 부존재를 아는 데도 필요하다. 사실이 이러한데도 무지가 실재하는 어떤 것으로 널리 간주되는 이유는 다음과 같다.

지성은 오직 하나이지만 그것을 제대로 사용하느냐 못하느냐에 따라서 그것을 순수한 지성이라고도 하고 불순수한 지성이라고도 하듯이, 지知는

---

57) 생전해탈과 무신해탈의 상태는 무상삼매 상태에서는 차이가 없다. 그러나 다른 상태들에서는 차이가 있다. 생시-잠의 생전해탈 상태에서는 생각이 전혀 없지만 생시 상태가 지속된다. 그러나 깊은 잠과 같은 상태인 순수 존재의 무신해탈 상태에서는 생시 상태도 없다.
　순수 의식과 순수 무지각 상태에서는 공히 아무것도 경험하지 않지만, 전자는 참된 지知로 충만해 있고, 후자는 무지로 충만해 있다.

오직 하나일 뿐이지만 그것이 진아라는 실재를 붙들고 있을 때는 그것을 참된 지知라 하고, 그것이 실재하지 않는 몸에 집착해 있을 때는 그것을 무지라고 하는 것이다. 무지는 우리의 진정한 성품에 대한 지知가 없음을 의미할 뿐이다.

에고가 생각들의 원천이므로 에고를 소멸하는 것이 생각을 소멸하는 수단이다. 노력을 하는 동안은 호흡을 내면에 붙들어 둘 수 있지만 노력을 그치자마자 호흡이 밖으로 나가듯이, 노력을 하는 동안은 수축되어 있던 생각들이 그 노력이 그치자마자 확장되기 시작한다. 그래서 진인들은 에고의 소멸이 생각을 소멸하기 위한 수단이라고 결론지은 것이다. 아위阿魏(향신료의 하나)가 없어도 그것을 담아 두었던 용기는 아위 냄새가 나고, 코코넛나무는 잎이 다 떨어진 뒤에도 상처가 남아 있듯이, 우리가 에고를 지니고 있는 동안은 감각 대상들과 연관되는 원습을 가지고 있다. 외적인 포기를 하고 감각 대상들과 전혀 관여하지 않을 때도 그러하다. 결과인 세계를 포기한 뒤에도 원인인 에고는 매우 미묘하게 들러붙어 있을 것이다. 일체를 포기한 사람(출가자)에게서 볼 수 있는 '나는 출가자다' 하는 관념은 이 에고의 한 잔여물일 뿐이다. 그래서 진인들은 구도자가 항상 본래적 상태 안에서 활짝 깨어 있어야 한다고 경책해 온 것이다. 등불이 꺼지자마자 우리를 에워싸는 어둠처럼, 구도자에게 느슨함이 있으면 즉시 에고가 그에게 들러붙기 시작할 것이다. 지知와 부주의한 에고는 **무루간**(Murugan)과 악마(asura)[58]로 상징된다. 육신습(deha-vasana)이 완전히 소멸되지 않은 한 속박의 완전한 소멸은 불가능하므로, 고인들은 직접적인 지知를 확고한 체험과 불안정한 체험으로 분류해 놓은 것이다.

---

58) (역주) 무루간(수브라마니아)은 시바의 아들로, 특히 남인도에서 널리 숭배되는 신이다. 그는 악마 수라바트만(Surabathman)을 죽였다고 한다.

50. 내적 집착과 외적 집착

지고아의 참된 성품인 광명, 곧 '나'라는 의식은 그 본래적 상태에서 지고아이다. 그러나 '몸이 나'라는 형태의 내적 집착 때문에 그것이 개아의 상태를 얻는다. 이것이 그 안에서 일어나는 1차적 과오이다. 이 내적 집착이 감각 대상들과의 연관이라는 형태를 취하는 외적 집착의 원인인데, 그 집착들[내적 집착과 외적 집착] 중 하나를 뿌리 뽑으면 다른 하나를 제거하기도 쉬워진다. 분별 없이는 에고가 소멸되지 않고 무욕 없이는 원습이 소멸되지 않는다. 분별과 무욕에 지知와 해탈이 뒤따를 때 구도자가 구원된다. 그러나 지知와 해탈을 어떤 새로운 것으로서 얻게 되는 것은 아니다. 해가 구름에 가려지듯이, 늘 존재하는 지知와 해탈이 내적·외적인 집착에 의해 가려져 있는 데 불과하다. 이러한 집착들이 소멸이 모든 영적 수행의 정점이다.

『띠루꾸랄』에는 "'나'와 '내 것'이라는 자부심을 소멸하는 자"라는 구절이 있다. 두 가지 집착을 합쳐 단수單數로 지칭한 것이다. 이 둘을 동시에 소멸하지 않으면 속박의 제거를 이룰 수 없다.

51. 형상 있는 마음과 형상 없는 마음

마음에는 사뜨와·라자스·따마스의 세 가지 구나가 있다. 사뜨와가 지배할 때 그것을 '형상 없는 마음', 즉 지고아라고 한다. 라자스와 따마스가 지배할 때 그것을 '형상 있는 마음', 곧 개인적 자아라고 한다. 이 두 가지 마음이 각기 진인과 무지인에게 나타나 있다. 형상 없는 마음이 참된 지知이다. 침묵(mauna)과 '주시자로서의 상태'가 그에 본래적인 상태이다. 활동으로 이끄는 발현업을 가진 진인들에게서는 그것이 브라마비드(*Brahmavid*)의 뚜리야(*turiya*) 상태로 나타난다. 활동의 그침으로 향하는 발현업을 가진 사람들에게서는 그것이 브라마비드바리슈타(*Brahmavidvarishta*)의 뚜리야띠따(*turiyatita*) 상태로 나타난다.59) 형상을 가진 마음은 무지인의 내적 기관에서 반사되는 **지고아**의 한 이미지에 지나지 않는다. 이 형상을 가진 마음은 조대신·미세신·원인신을 '나'로 여겨 집착한다. 생시 상태인 거친 세계와 꿈의 상태인 미세한 세계에서 그 마음은 대상들을 '내 것'이라고 주장한다. 탄생과 죽음의 불행을 경험하는 그것은 개인아(*jivatman*)로 불리게 된다.

부적절한 (삶의) 방식에 떨어지는 브라민은 계급외인이 되지만, 그가 적절한 방식으로 복귀하면 브라민 지위를 회복한다. 그와 마찬가지로 **지고아**가 그릇된 동일시를 통해서 개아가 되지만, 그것이 올바른 자각을 얻으면 **브라만**으로 불린다.

생전해탈자들은 감각과 지각을 가지고 있기는 하지만 그들에게는 마음이 없다. '나'와 '내 것'을 잃는 것이 마음의 소멸이다.

52. 끊임이 있는 상相과 끊임이 없는 상相

우리는 브라만의 존재를 드러내는 '브라만의 광휘'인 존재-의식이 심장을 거주처로 삼고 있다는 것을 안다. 일어남도 스러짐도 없는 이 스와루빠의 상相(*swarupa vritti*)은 다른 상들, 즉 끊임이 있고, 다수이고, 제한적이고, 대

---

59) (편주) 뚜리야는 생시, 꿈, 잠의 상태가 그 안에서 나타나고 사라지는 바탕인 네 번째 상태이다. 뚜리야띠따는 '네 번째를 초월하는'의 의미이다. 나따나난다는 다른 곳에서, 무신해탈의 상태에서는 생시, 꿈, 잠의 상태가 전혀 나타나지 않는다고 주장하고 있다.

브라마비드는 '브라만을 아는 자', 브라마비드바리슈타는 '브라만을 아는 자들 중에서 최고인 자'라는 뜻이다. 이 두 용어와 그것들이 유래하는 체험들의 분류는 각주 62)에서 더 자세히 설명한다.

상화되며, 나타나고 사라지는 상들과 같지 않다. 해를 보기 위해서는 다른 어떤 빛도 필요치 않고 햇살만으로도 충분하듯이, **브라만**을 보기 위해서는 그것의 성품인 존재-의식의 자각만으로 충분하다. 다른 어떤 수단도 필요치 않다. 우리 자신의 진정한 성품이 **지고아**임을 직접 깨닫기 위해서는 존재-의식 외에 어떤 직접적인 지침도 없다.

존재-의식은 스스로 빛나고, 완전하고, 비이원적이고, 형상이 없으므로, 이 존재-의식을 '끊임이 없는 상相(*akandakara vritti*)'이라고 말하는 것은 바다에 합일된 강을 '바다 형상의 강'으로 부르는 것과 같다.

이 말을 듣자 제자는 스승의 가르침을 충실히 따라 다섯 껍질과 텅 빈 것[마음]을 내버리고 '나는 브라만이다'로서의 진아를 깨달아 [그것을 체험한] 마음을 잃어 버렸고, 완전한 존재를 보았다. ―『해탈정수』

이처럼 '본래적 상태'를 마음이 없는 사람이 보는 완전함(*purna*)으로 묘사하는 것은, 생전해탈의 침묵 체험을 '끊임이 없는 상'으로 찬양하는 것과 비슷하다. 마음이 없는 사람에게는 어떤 봄(*drishti*)도 없다는 것과, 완전함에는 (보는 자, 봄, 보는 대상의) 세 요소가 없다는 것―이 두 가지 점은 유념할 만하다.

몸 등이 '나'라고 말하는 것은 이원적 상(*dvaita vritti*)이다.
'나는 주시자로 머무른다'고 말하는 것은 주시자 상(*sakshi vritti*)이다.
'나는 **지고자**다'라고 말하는 것은 끊임이 없는 상(*akandakara vritti*)이다.
이 세 가지 중에서 앞의 둘은 배척하고, 항시 끊임이 없는 상을 닦으라. 그렇게 함으로써 슬픈 마음의 변상을 제거하고, 나뉨이 없는 스와루빠가 되라. ―『리부 기타』

모든 대상적 현현물을 **브라만**으로 여기고, '저 부동의 **브라만** 자체가 나다'라는 것을 항상 기억함으로써 내적 혹은 외적인 삼매 안에 자리잡고, 업의 속박이 지속되는 동안은 이와 같이 살라.

"브라만 안의 이 안주는 단 한 순간도 망각에 의해 느슨해지면 안 된다. 그런 망각이야말로 죽음이다."라고 브라마의 아들인 바쉬슈타가 『바쉬슈탐』에서 말한다.

모든 유한한 존재들의 주시자이면서 스스로 빛을 발하는 **브라만**의 형상을 한 진아는, 다섯 껍질과는 별개로 지성(vijnana)의 껍질 안에서 '나, 나'로서 영원히 빛난다. 이 오점 없는 진아에 그대의 주의를 고정하고, 끊임이 없는 상을 통해 그것을 '나'로서 체험하라.

— 『분별정보(Vivekachudamani)』

위의 경전 말씀에 따를 때, '끊임이 없는 상'이란 실은 '나'라는 의식을 뜻할 뿐이며, 그것이 곧 생전해탈자의 지지물이다.

53. 완전한 안식과 완전한 노력

일부 사람들이 생각하듯이 '고요히 있음'의 상태는 한가함의 상태가 아니다. 그 안에서 미세한 마음을 통해 스와루빠—곧 모든 자각의 토대인 존재-의식—를 체험하는 진아안주의 활동은 하나의 부단한 활동이며, 강물의 연속적인 흐름과 같다. 움직이고 있는 자동차를 힘센 사람이 힘으로 멈추게 할 때 그 힘센 사람과 자동차의 안에서 일어나는 부단한 활동은 물리적으로 드러나지 않듯이, 마음의 움직임을 멈추는 수행자 안에서 일어나는 부단한 투쟁은 남들에게 드러나 보이지 않는다. "한가함의 상태가 경전이 끝나는 지점"이라고 한다. "마음을 제어하여 가만히 있게 하는 기술은 드문 자산"이라는 따유마나바르의 말이 이것을 확인해 준다.

마음을 **심장** 안에 합일시켜 두는 데 필요한 기술이 모든 기술 중에서 최고이며, 이 완전한 노력이 자연스러워질 때 그것을 '완전한 안식'(평안)이라고 한다.

54. 형상 없는 마음과 세 가지 상태

본연무상삼매本然無相三昧, 자각하는 잠, 생시 꿈, 생각 없는 생각이라고도 하는 확고한 진아자각의 상태가 자연스러워진 진인은 자신의 본래적 상태에서 벗어남이 없이 자신의 환경을 의식할 수 있다. 신기루의 거짓된 성품을 깨달은 사람은 그것이 물이라는 망상을 더 이상 갖지 않듯이, 그리고 스크린 위에 나타나는 영화의 장면들이 거짓임을 깨달은 사람은 그것을 보아도 아무런 고통이나 쾌락을 경험하지 않듯이, 생전해탈자는 외적인 대상들의 거짓된 성품을 깨닫고 있다. 그는 그것들과 아무 연관이 없으며, 그에게서는 그것들이 실재한다는 믿음이 일어나지 않는다. 그것들은 꿈이 사라지듯이 사라지기 때문에, 그는 외부적 사건들을 본 뒤에도 그것을 보지 않은 사람으로 머무른다. 그래서 그런 어떤 사건도 그의 마음에 아무 원습을 남기지 않는다. 생전해탈자의 그 체험은 식사 등 그 자신의 활동에 대해서도 동일하다.

"만일 그대가 '나'는 완전한 의식이라는 것을 늘 자각하고 있다면, 아무리 많은 생각을 하거나 무엇을 하더라도 무슨 문제가 되겠는가? 이 모든 것은 깨어난 뒤의 꿈 속 장면들처럼 실재하지 않는다. 나는 온통 지복이다!"

"스승님, 제 말씀을 들어 보십시오! 현자도 무지한 사람처럼 '내가 했다, 내가 보았다, 내가 먹었다, 내가 갔다'고 말할 수 있습니까? 당신께서는 그들이 그릇된 지知에서 벗어나 있다고 말씀하십니다. 실재하는 브라만에 대한 체험이 그런 표현을 용납할 수 있습니까? 이 점에 대해 부디 저를 깨우쳐 주십시오."

"꿈에서 깨어난 사람이 꿈속에서 자신이 한 경험에 대해 이야기를 하듯이, 진아를 깨달은 진인은 비록 무지한 사람의 언어를 사용하기는 해도 에고로서 속박되지 않는다. 불멸의 신이 되기 전날 밤 자신의 몸을 불길에 던지는 사람이 그의 몸이 재가 될 때까지만 사람으로 불리듯이,60) 에고에서 벗어난 진인도 몸을 벗을 때까지는 남들처럼 움직이는 것같이 보이는 것이다." —『해탈정수』

55. 지복의 체험과 지복의 초월

어떤 사람들이 말하듯이 몸 의식이 없는 상태만이 해탈(kaivalya)의 상태라고 하는 것은 아무 진실성이 없다. 그와 비슷하게 생시의 경험들이 사라지는 상태는 기절·죽음 등에 의해서도 일어나지만, 누구도 그런 것을 지知의 상태로 받아들이지 않는다. 조식調息(pranayama)과 같은 하타요가 행법이나 케체리(khecheri)61)를 위시한 무드라(mudras)를 통해서도 몸 의식이 사라지는 상태가 가끔 체험되는데, 그것을 무지각 삼매(jada samadhi)라고

---

60) (편주) 이것은 자신의 다음 생이 더 나은 생이 될 것이며, 어쩌면 천상계에 태어날 것이라고 믿고 자살로써 그것을 앞당기는 자발적인 자기분신 행위를 가리킨다.
61) (역주) 보통 케짜리 무드라(khecari mudra)라고 하며, 혀끝을 목젖 위의 비강에 집어넣는 것이다. 이 무드라는 꾼달리니가 상승하는 데 도움을 준다고 한다.

한다. 합일무상삼매(*kevala nirvikalpa samadhi*)에서 가라앉는 마음은 다시 일어나 탄생을 얻을 수 있다. 따라서 마음의 침잠(心潛, *manolaya*)은 침묵삼매(*mauna samadhi*)와 진지眞知안주(*jnana nishta*)로 간주되지 않는다. "소용돌이치는 모든 원습이 그 안에서 소멸하는 침묵의 상태가 아닌 어떤 상태도 좋지 않다"는 것이 『냐나 바쉬슈탐』의 결론이다. 원습이 없는 상태인 참된 성품지性品知의 성취(*swarupa jnana siddhi*)야말로 해탈의 성취이다. 몸 의식에서 벗어난 삼매의 성취는 마치 향기까지 갖춘 황금 꽃처럼 지知에 위대함을 더해주며, 무지를 소멸하는 것만으로도 해탈을 얻는 데는 충분하다. 원습이 소멸되지 않은 상태의 무지각 삼매는 깊은 잠의 그것과 같은 지복의 체험 외에 어떤 이익도 안겨주지 않는다. 이 무지각 삼매는 깊은 잠과 다르지 않다.

무지인에게서 생시와 꿈의 상태를 일으키는 발현업의 힘은 진인에게서 합일안주(*kevala nishta*)와 본연안주(*sahaja nishta*)를 일으키기도 하므로, 몸 의식이 없는 삼매는 모든 진인들이 체험하는 것이 아니다.

"지고의 스승님! 진아 안에 자리잡고 있으면서 더 할 일이 없는 이들 중 어떤 분은 마음을 제어하는 명상을 닦는 것은 어찌된 일입니까?"

"이미 그대에게 말했지만, 생전에 해탈한 진인들은 그들의 발현업에 따라 여러 가지 방식으로 활동하는 것처럼 보인다."

—『해탈정수』

완성된 진인들조차도 발현업에 따라 무상삼매를 닦게 된다는 것을 위의 답변이 분명히 보여준다. 따라서 일정 기간 동안이든 죽을 때까지든, 바리슈타(*varishta*)와 같은 초월(*atita*)의 상태를 성취하는 것은 발현업에 의해서

만 정해지는 것이다.62)

브라만에 대한 지知에서 동등한 진인들이 브라마비드(*Brahmavid*), 브라마비드바라(*Brahmavidvara*), 브라마비드바리야(*Brahmavidvarya*), 브라마비드바리슈타(*Brahmavidvarishta*)로 나뉘는 것은 합일무상삼매의 기간이 어느 정도냐에 따른 것이다. 지知를 얻으면 마음의 고요함이 성취되므로, 지복을 성취하기 위한 별도의 노력은 필요하지 않다. 그렇다고 해서 계속 삼매에 몰입하는 일부 진인들의 노력이 쓸데없는 것이겠는가? 보통의 바닥도 잠을 자기에 적합하지만 꽃 침상은 더 큰 행복감을 안겨주듯이, 속박을 끝내는 데는 지知만으로 충분하지만 대상들이 보이지 않을 때 오는 강렬한 지복을 얻기 위해서는 그런 노력이 유용한 것이다.

---

62) 바가반 자신도 여러 국면을 거쳤다는 것을 기억해야 한다. 당신은 학교를 다닐 때 아무 애씀 없이 무상삼매를 체험했다. 아루나찰라에 머무르던 초기에도 여러 해 동안 한 사람의 바리슈타와 같이 아무 감각 지각이나 배고픔, 갈증의 느낌이 없는 초월적 상태에 몰입해 있었다. 나중에 본연삼매(*sahaja*) 상태를 성취했고, 마지막 열반 때까지 완성된 브라만 안주자(*Brahma nishta*)로 빛나면서 그 상태에 머물러 있었다.

(편주) 사두 나따나난다는 지知의 일곱 단계(*jnana bhumikas*)라는 전통적인 체험의 분류를 논의하고 있다. 그 체험의 등급은 다음과 같다.
1) 깨달음에 대한 갈망(*subheccha*). 2) 탐구(*vicharana*). 3) 희박심稀薄心(*tanumanasa*). 4) 깨달음(*satvapatti*), 5) 무집착(*asamsakti*), 6) 대상 무지각(*padarthabhavana*), 7) 초월(*turyaga*).

이 중 마지막 네 단계를 성취한 사람들은 다시 1) 브라마비드(브라만을 깨달은 자), 2) 브라마비드바라(브라만을 아는 자들 중에서 뛰어난 자), 3) 브라마비드바리야(브라만을 아는 자들 중에서 매우 뛰어난 자), 4) 브라마비드바리슈타(브라만을 아는 자들 중에서 최고로 뛰어난 자)로 불린다.

바가반은 「영적인 가르침」에서 이 전통적인 분류에 대한 질문을 받았다. 이 저작의 편집자가 사두 나따나난다 본인이었기 때문에, 그 질문들은 그가 한 것일 수 있다.

문: 지知의 일곱 단계 중 진인은 어디에 속합니까?
답: 네 번째 단계에 속합니다.
문: 그렇다면 그보다 높은 세 단계를 왜 구분합니까?
답: 네 번째부터 일곱 번째 단계까지의 특징들은 그 생전해탈자의 체험에 따라 구분한 것입니다. 그들의 지知와 해탈의 상태가 다르다는 것은 아닙니다. 지知와 해탈에 관한 한, 이 네 단계 간에 아무 구분이 없습니다.

바가반은 「자기탐구」의 마지막 답변에서도 이 분류를 논의하는데, 이 저작 역시 사두 나따나난다가 편집하였다. 지금 이 부분은 아마도 이 두 저작을 원용했을 것이다.

진인들은 세간에서 매우 희유한데, 여러 진인의 삶에는 서로 구분되는 특징들이 있다. 그러나 해탈의 체험에서는 어떤 차이도 없다.

힘들게 얻은 삼매는 어떤 쓸모가 있을까? 외적으로 활동하는 브라마비드는 때로 눈에 보이는 것들의 불행을 느끼는 것처럼 보이는 반면, 다른 진인들은 끊임없는 지복 안에 머무른다. ─『해탈정수』

위의 말씀은 생전해탈의 상태와 대상 무지각에서 일어나는 그와 연관된 지복을 찬양한다. 그러나 지知와 지복은 서로 다른 성취이므로 그 둘을 연관시키는 것은 잘못이다. 지知만이 해탈의 수단이며, 지知에 의하지 않고는 어떤 수단으로도 진아 깨달음을 얻지 못한다는 것이 최종 결론이다.

불 속에서 배고픔과 갈증 없이 있고, 버려진 잎과 물·공기로 허기를 채우며, 침묵하면서 산꼭대기의 동굴로 들어가 열 개의 나디(*nadis*)를 깨끗이 하고, 달의 궤도 안에서 불과 쁘라나(*prana*)를 머금으며, 형언할 수 없는 감로를 마시고, 수많은 겁(*kalpa*) 동안 하찮은 육신을 살아 있게 하는 것 이 모든 것은 최종적 상태로 인도해 줄 것인가? 아니다. 지知만이 궁극의 상태를 하사할 수 있다. ─따유마나바르

당신의 서늘한 연꽃 같은 두 발로 저를 축복하시어, 지고한 지知의 등불이 빛남을 제가 볼 수 있게 해 주십시오. 그러면 또한 개아와 원소들도 가라앉을 것입니다. ─아루나기리나타르(Arunagirinathar)

56. 생전해탈자와 마음의 일어남

형상 없는 공기가 무한한 공간 안에 거주하며 그것과 하나로 머무르듯이, 순수한 의식의 힘(*chitsakti*)은 완전한 지고의 허공(*parakasa*)에 차별 없이 편재한다. 공기의 경우 동적인 면과 정적인 면의 두 가지 면이 존재하는 것처럼, 의식 안에도 나눠진 것과 전체인 것의 두 가지 서로 다른 힘이 있다. 이 둘을 각기 '형상 있는 마음'과 '형상 없는 마음'이라고 한다. 형상 있는 마음은 무지인들에게 존재하고, 형상 없는 마음은 진인들에게 존재한다. 의식의 나눠진 형상은 가짜 형상이다. 그것은 부가물들을 의식하며 산깔빠(*sankalpas*)를 나툰다. 산깔빠는 집착 때문에 존재한다. 의식의 나눠지 않은 힘인 형상 없는 마음이 의식의 참된 본질이다. 생전해탈자 안에서 지고아로 빛나는 형상 없는 마음은 부가물에서 벗어나 있고, 결과적으로 침묵의 형상을 갖는다. 그것은 집착에서 벗어나 있으므로 그 안에는 산깔빠가 있을 곳이 없다. 진인들에게서도 환경에 대한 그들의 반응 때문에 어떤 생각들이 일어나기는 한다. 그러나 그러한 생각들은 그들의 마음에 붙지 않는다. 구워진 뒤에는 싹이 틀 수 없는 씨앗처럼, 이 생각들은 환생을 가져오지 않는다.

57. 브라마비드와 발현업

상대적인 세계에서 신에 대한 진리가 분명하거나 명확하지 않듯이, 정신의 세계에서는 발현업에 대한 진리가 쉽게 이해되지 않는 수수께끼이다. 생전해탈자에게 발현업이 있느냐 없느냐는 아득한 옛적부터 살펴온 문제이다. 그런 모든 물음에 해답을 제시하는 궁극의 원천이 경전이기는 하나,

진인들이 경험하는 것은 '경전마다 서로 다른 가르침을 내놓고, 따라서 일관성이 없다'는 것이다. 경전들은 그런 물음들에 대해 결정적인 해답을 제시하지 않는다. 지성인들은 사물을 현상적 관점과 영적인 관점의 두 가지 상이한 각도에서 보므로, 그들의 물음에 대한 답변에도 두 가지 유형이 있게 될 것이다. 다음 진술을 생각해 보라.

다른 생각에서 벗어나 사뜨-찌뜨-아난다(sat-chit-ananda)로 머무르면 마야가 소멸된다. 베다의 전 범위에 걸쳐 다른 어떤 방법도 발견되지 않는다.

이것이 진인들의 결론이다. 즉, 만물의 이면에 있는 진리만을 알고자 하는 성숙한 사람들에게는 베다의 말씀 외에 달리 의존할 만한 어떤 것도 없다는 것이다. 이제 발현업의 문제에 관해 진인들이 제시한 설명을 살펴보자.

베다를 위시한 모든 책에서도 발현업의 열매를 정복할 아무런 수단을 발견할 수 없다.

압바이야르(Avvaiyar)는 이 말로써 발현업의 힘을 일반적으로 인정한다. 그러나 다른 데서는 "지고의 공간에 자리잡고 있는 사람들에게 운명이란 없다"고 하여 진인의 경우에는 발현업의 힘을 배제한다. 이것은 이 문제를 탐색하는 사람들에게 일견 혼란스럽게 보일지 모르지만 그 내적인 의미는 분명히 이해될 것이다. 그에 대한 설명은 다음과 같다.
발현업은 몸들에게만 존재하며, 발현업에 대한 문제는 세간적인 사람들, 곧 주의가 그들의 몸에만 집중되어 있는 사람들에게만 일어난다. 몸들과 그것들과의 동일시가 존재하는 한 발현업을 받아들임이 타당하다.

이 몸은 발현업을 경험하기 위한 것이다. 만약 발현업이 다하면 이 몸은 단 한 순간도 머무르지 않을 것이다.

빠띠나타르(Pattinathar)의 이 말은 상대적인 세계에서의 경험과 관계된다. 몸이 활동하는 한, 진인의 삶 속에서도 발현업을 받아들여야 한다. 가르침으로 보나 이성과 경험으로 보나 이 견해만이 받아들일 만하다.

수많은 생에 걸쳐 쌓인 업(누적업, sanchita)의 엄청난 무더기도 지知의 불길 속에서는 마치 거대한 불길 속의 솜더미처럼 완전히 불타 버린다. 새로이 축적되는 업(미래업, agamya)은 결코 진인에게 다가가지 못한다. 현생에 일어난 업은 그 열매를 경험함으로써 소진된다.

이러한 『해탈정수』의 결론과 같이, 지知를 얻은 진인에게는 자신이 행위자나 향유자라는 느낌이 없으므로, 그는 누적업累積業이나 미래업에 구속되지 않는다. 그러나 발현업의 결과를 경험하지 않고는 거기서 빠져나갈 수 없다. 그 이유는 다음과 같다.

생전해탈자의 몸은 그가 지知를 얻기 전에 출현했기 때문에, 그것이 출현할 때 그 몸이 겪도록 정해진 발현업은 무슨 수로도 피할 수 없다. 그러나 발현업의 경험에서는 무지인과 진인 간에 차이가 있다. 다른 네 가지 원소의 운동을 지지하는 허공은 그것들에 영향 받지 않고 남아 있다. 장면들이 움직이는 바탕인 스크린은 장면들 안에서 불·열·추위와 같은 외관상의 변화가 일어나도 그에 영향 받지 않고 남아 있다. 그와 마찬가지로, 감각 기관들이 나타나고 스러지는 바탕인 **지고아**는 감각 기관들의 고통과 쾌락에 영향 받지 않는다. 결과적으로, **지고아**의 형상인 진인은 몸과 연관된 발현업의 경험에 의해 영향을 받지 않는다. 진인의 현재 몸에 들러붙는 쾌락과 고통은 그의 발현업에 따른 불가피한 결과이다. 진인은 발현업에 관한 이 진리를 알기 때문에 단순한 주시자로 머무르며, 그런 모든 기쁨과 슬픔에 무관심한 채 항상 본래적 상태에 안주한다. 환희와 우울 같은 상대물의 쌍들이 붙지 않는다. 그래서 진인들의 최종 결론은, 진인의 관점에서 볼 때 발현업은 존재하지 않는다는 것이다.63)

몸에 초점이 맞추어진 현상적 견지에서 보자면 발현업은 존재하지만, 지고의 진리―그것은 지고한 의식일 뿐이지만―의 관점에서 보자면 발현업은 존재하지 않는다. 진인들은 두 관점을 모두 받아들인다.

> 브라마비드는 [가시적 사물들에서 일어나는] 불행을 경험한다.
> ―『해탈정수』

> 제 것인 어떤 행위도 없습니다. 이제 저는 모든 행위가 당신의 것임을 깨달았습니다. 오, 주님이시여! 이 몸을 받은 뒤로는 어떤 죄도 저지르지 않았습니다. 지금 열매를 맺고 있는 것은 이 몸을 받기 전에 저지른 죄의 결과입니까? ―빠띠나타르

진인들의 이런 말들은 브라마비드들이 발현업을 경험한다는 것을 받아들인다. 그들과 같이, 바가반도 이 견해를 받아들인다. 다음 이야기가 이 점을 잘 보여준다.

---

63) "배고픔과 갈증은 개아에게 있을 뿐이다. 두려움, 슬픔, 행복, 욕망과 분노는 지성에게 있을 뿐이다. 이것을 알면 그들이 행복해질 것이다."
"보고, 듣고, 말하고, 가고, 받아들이는 것은 감각 기관들의 다르마이다. 이 점을 그들은 확신하고 있다." ―『기타 사라 딸랏뚜(Gita Sara Talattu)』

진인들의 전능함을 굳게 믿고 있던 한 헌신자는 마하르쉬님의 몸이 그 몸을 침범한 질병 때문에 약해지는 것을 차마 볼 수 없었다.64) 그 헌신자는 간절한 마음으로 마하르쉬님께 호소하기를, 그 병을 자신에게 전이해 주고 당신은 한동안 더 그 몸을 유지함으로써 무력한 다른 많은 헌신자들을 구원해 주시라고 했다.

그 헌신자의 아이 같은 순진함에 놀라신 바가반은 자비심으로 그를 바라보시더니 자애롭게 이렇게 대답하셨다. "이 병을 창조한 것이 누구입니까? 그것을 변화시킬 자유가 있는 오직 그분 아닌가요? [죽고 나면] 네 사람이 떠메고 가야 할 이 살덩이 짐을 이날까지 저 혼자서 져 온 것으로 충분하지 않습니까? 이것을 더 오래 계속 져야 합니까?"65)

당신은 이런 친절한 말씀으로 그 헌신자를 진정시키면서 운명의 법칙은 예외가 없다는 것을 분명히 하셨다. 여기서 보듯이 발현업의 경험은 진인에게도 나타난다는 것이 명백하다. 진인은, 언제 어떤 방식으로든 일어나게 되어 있는 일은 그 시간에 그 방식으로 분명히 일어날 것이라는 것을 안다. 그 어느 것도 바꿀 권리가 없는 그는 본래적 상태에 자리잡고 있으면서 단지 주시자로 머무른다. 이 결론은 방금 내가 말한 그 일화에 의해 뒷받침된다. 그것은 또한 마하르쉬님이 하신 다음 세 가지 말씀에 의해서도 뒷받침된다.

(1) 주재자가 영혼들의 운명을 그들의 발현업에 따라 통제합니다. 일어나게 운명 지워져 있지 않은 일은 아무리 애를 써도 일어나지 않을 것입

---

64) 세간 학문에서 높은 학식을 갖춘 스리 비베카난다조차도 한번은 그의 참스승 스리 라마크리슈나가 걸린 목암의 증세가 심한 것을 차마 볼 수 없었다. 그는 안타까운 마음으로 스승께 호소했다. "당신께서는 어머니(깔리 여신)를 보시는 자비 행운을 누리고 계십니다. 어머니의 은총으로 이 병을 치유 받으실 수 없단 말입니까?" 스리 라마크리슈나의 전기에서 알게 되는 내용이다.
65) "… 자신의 진아를 본 참된 따빠스인은 음식을 먹고 난 뒤에 엽반을 버리듯 자신의 몸을 벗는다." —『쁘라부링가 릴라이(Prabhulinga Leelai)』

니다. 일어나게 운명 지워져 있는 일은 아무리 막으려고 해도 일어날 것입니다. 이것은 확실합니다. 따라서 최선의 방안은 침묵하는 것입니다.66)

(2) 한 곳에 머무르지도 않고 내일을 위한 특별한 계획도 세움이 없이 아무 집착 없는 새처럼 사는 사두들의 다르마에 따라, 저는 발길 닿는 대로 어디든 다니면서[자유롭게 방랑하며] 제 시간을 보내고 싶습니다. 그러나 저의 발현업이 그것을 용납하지 않는군요! 여러 번 시도해 보았지만 매번 그것이 장애를 만들어냅니다. 저를 어디에도 못 가게 하고 이곳에 붙들어 둡니다! 만일 우리가 이와 같이 거처와 소유물과 많은 사람들과 함께 있으면 세간적 활동이 일어나지 않겠습니까? 어떻게 합니까? 저의 발현업은 이렇습니다!67)

(3) 우리가 해야 할 일은 일어나는 모든 것을 주시하는 것뿐입니다. 무엇에 대해 이렇게 저렇게 상상하는 것이 아닙니다.68)

그러나 바가반은 언젠가 그 반대의 견해를 취하여 이렇게 말씀하셨다.

누적업[과거 행위로 누적된 업]과 미래업[현재 짓고 있는 업]은 진인에게 붙지 않으니 발현업[금생에 해소되어야 할 업]은 남을 서라고 말하는 것은 사람들의 질문에 대한 하나의 답변이네. 남편이 죽으면 과부가 되지 않는 아내들이 없듯이, 행위자가 사라지면 업의 세 가지 모두 사라진다는 것을 알아야 하네. ―「실재사십송 보유」, 제33연

---

66) 바가반이 아루나찰라에 당도한 지 얼마 후 당신의 모친이 찾아와서 집으로 돌아가자고 간청했을 때, 바가반은 그녀를 위로하기 위해 답변으로 이 말을 글로 썼다.
67) 바가반이 아루나찰라 산기슭에 사시던 초기에, 한 샷된 사람이 한동안 당신의 헌신자인 체하더니 아쉬람이 자기 소유라고 법원에 소송을 냈다. 바가반은 이 사건을 언급하면서, 홀로 사는 것이 사두에게 어울리는 생활방식이라는 뜻으로 이 말씀을 하셨다.
68) 바가반의 위 말씀은 당신의 몸을 침범한 그 중병이 불치병이라는 사실을 받아들이지 못하던 헌신자들을 위로하기 위한 것이었다. 이는 또한 발현업의 신비, 즉 운명의 작용을 막으려는 노력은 헛수고에 그칠 거라는 점을 분명히 하기 위한 말씀이기도 했다.

이 모순 이면의 진리는 이미 이야기했다. 발현업은 몸과 마음을 자신과 동일시하는 사람에게만 존재하며, 아무것도 자신과 동일시하지 않는 사람에게는 존재하지 않는다. 이 두 가지 결론은 현상적 견해(vyavaharika)와 지고의 진리(paramartika)를 대표한다.

(1) 진인에게 누적업과 미래업이 없듯이 발현업도 없다고 이야기할 때, 그것은 그가 발현업의 경험을 전혀 하지 않는다는 의미가 아니다. 발현업은 과거생에 경험한 업의 불가피한 결과이며, 그것을 경험하지 않고는 해소되지 않는다. 이것은 진인과 무지인에게 공히 해당된다. 그러나 에고가 없는 자이고 의식, 즉 유일한 실재인 진인은 누적업·미래업과 아무 관련이 없다. 그는 진아로서 빛난다. 지고한 실재의 관점인 그의 관점에서는, 발현업의 경험들이 그의 실재하는 형상인 **지고아**에게 나타나지 않는다. 바가반의 마지막 말씀은 이 관점에서 하신 것이다.

(2) 생전해탈자에게 발현업이 있느냐 없느냐 하는 의심은 무지인에게만 일어난다. 해탈한 상태에 대한 모든 의심을 해소하는 유일한 길은 에고의 소멸을 통해서이다. 그 이유는, 에고 없는 상태에서는 어떤 의심의 여지도 없기 때문이다. 이것은 바가반이 폭넓고 다양한 물음들에 대한 유일한 답변으로 에고의 제거를 말씀하신 이유이기도 하다. 이런 말씀도 있다.

모든 베단타의 최종적 결론의 핵심을 내가 진실로 선언하노라.
'나'(에고)가 죽어 '나'가 그것이 되면, 의식의 형상인 저 '나'(진아)만이 남는다는 것을 알라.   ─「실재사십송 보유」, 제40연

"형상이 있고, 형상이 없고, 형상이 있기도 하고 없기도 한 세 가지 중에서 어느 것이 우리가 얻는 해탈인가?"라고 한다면, "형상이 있다, 없다, 있기도 하고 없기도 하다"고 분별하는 그 에고의 형상이

소멸되는 것이 해탈이라고 알라. —「실재사십송」, 제40연

이와 같이 모든 베단타의 핵심은, 최종적인 존재의 상태는 에고의 소멸 없이는 얻을 수 없다고 하는 것이다.69)

58. 발현업과 미래업

씨앗이 먼저인지 나무가 먼저인지를 판정하기가 불가능하듯이, 발현업과 미래업을 생각할 때는 어느 것이 원인이고 어느 것이 결과인지 판정하기란 불가능하다. 둘 다 시작이 없기 때문에, 탄생과 죽음의 원인인 발현업이 먼저인지, 발현업의 원인인 미래업이 먼저인지 판정할 수 없다.

    풀, 작은 식물, 벌레, 나무,
    많은 동물, 새, 뱀,
    돌, 인간, 도깨비, 악마들,
    힘센 거인들, 고행자들, 천신들—
    이 모든 움직이거나 움직이지 않는 존재들로
    태어나면서, 저는 기진맥진이 되었습니다. —마니까바짜가르

무지한 사람들은 자신들이 발현업을 경험하기 위해 태어날 때 미래업을 개시한다는 것을 발견하고 슬픈 곤경에 처한다. 왜냐하면 진인들이 이야기하는 이 생사윤회에서 벗어나는 법을 모르기 때문이다. 하지만 진인은 그 둘 사이의 인과관계가 시작이 없다는 것을 알고, 두 가지 업 모두의 행위

---

69) (역주) 이 문장과 바로 위의 두 인용문은 영어판에서 빠져 있다.

자인 에고의 소멸 없이는 그것들이 소멸될 수 없다는 것을 안다. 그래서 실재에 대한 지知를 통해 이 두 업의 손아귀에서 빠져나오고, 두 업이 현재의 몸과 함께 끝나게 한다. 그는 현재의 행복과 불행의 진정한 이유를 아주 잘 안다. 다시 말해서, 수많은 생에 걸쳐 집적된 미래업의 씨앗들의 산물일 뿐인 발현업의 힘을 안다. 또한 자신 앞에 나타나서 현재의 불행과 행복을 야기하는 모든 것은 우발적인 원인일 뿐이라는 것을 분명하게 안다. 그래서 그런 외관상의 원인들 중 어느 것도 좋아하거나 싫어하지 않으면서, 모든 결과에 대한 원인으로서 발현업만을 본다. 그는 누구에 대해서도 사랑이나 증오 없이 자신에게 정해진 모든 발현업을 인내심 있게 소진하고 경험한다.70)

---

70) 경찰이 바가반께 아쉬람을 털러 왔던 도둑들 중에서 당신을 공격한 자를 가려달라고 요청하자 당신은 이렇게 대답했다. "내가 누구를 때렸는지 나도 모릅니다! 그러니 누가 나를 때렸는지 어떻게 알고 당신에게 이야기해 줄 수 있겠습니까."
바가반이 하신 말씀의 취지는, '내가 전생에 때린 사람이 이번 생에 나를 때린 사람이다. 그래서 때린 데 대해 때린 것으로 이제 빚이 갚아졌다. 그런 질문을 하여 새로운 미래업을 개시할 필요가 있는가?'라는 것이다.
바가반의 이 말씀은 당신에게 해를 가한 도둑들에 대한 자비행과 더불어, 집착에서 벗어난 당신의 주시자 상태와, 좋아함과 싫어함에서 벗어난 당신의 평등견을 말해준다.

그들은 소멸되는 것들을 실재하는 것으로 여기지 않을 것이고, 결코 '이것은 좋고 저것은 나쁘다'고 하면서 목소리를 높이지 않을 것이다. 그들은 과거의 사건들에 대해 슬퍼하지 않을 것이고, 그 어떤 것도 비난하지 않을 것이다. 그런 이들이 고상한 사람들이다.
그들은 자기 앞에 어떤 즐거움이 나타나든, 그 즐거움을 그 정도까지만 경험할 것이다. 햇살이 그저 빛나기만 하는 태양처럼, 그들은 그 독특하고 본래적인 상태에서 속박 없이 머무를 것이다. ─『스와루빠 사람』

오 지고자시여! 어디를 가든 신의 은총을 자신의 지지물로 받아들이는 사람들만이 지복 안에서의 안주를 얻습니다. ─따유마나바르

바가반은 위에서 본 생전해탈 상태의 모든 특징에 대한 한 분의 모범임이 분명하다.

장면 10 : 해탈의 본질

수정의 진정한 성품을 알고 있는 사람은 수정에 나타나는 가짜 검은색 (수정을 검은 물체 곁에 두었을 때 비치는 검은 색)을 진짜라고 믿지 않듯이, 의식의 성품을 알고 있는 사람은 실재 속의 한 겉모습일 뿐인 속박이라는 관념에 어떤 실재성도 부여하지 않을 것이다. 왜냐하면 영원하고 완전하고 무소부재하며 비이원적인 의식은 한 순간도 그것에 외부적인 어떤 것을 가질 수 없고, 따라서 그것은 한 순간도 어떤 것에 의해 속박되지 않기 때문이다. 속박의 출현 자체가 의식의 성품에 반한다. 이것이 지고의 진리이다. 그럼에도 불구하고, 속박과 해탈이 실재하는 것처럼 보이게 하는 그것들의 환적幻的인 측면을 탐색해 보자.

59. 마음의 명료함, 속박과 해탈

라후와 케투에 의해 해가 먹힌다는 무지한 이들의 믿음[71]은 오래된 것이지만 과학적 소견을 지닌 사람에게는 그 허위성이 즉시 드러나듯이, 무지로 인해 속박된 지고아가 참된 지知에 의해 해탈한다고 믿는 무지한 사람들의 망상도 오래된 믿음이지만, 지고의 실재에 대한 견見을 가지고 있

---

71) (역주) 고해 힌두신화에서, 라후(Rahu)는 해를 집어먹는 아수라의 머리, 케투(Ketu)는 그 아수라의 몸통이다. 각기 일식과 월식을 야기한다고 믿어졌다.

는 사람에게는 그 환적인 본질이 금방 분명해진다. 어둠 속에서 밧줄 상에 뱀이 있는 것 같은 환상이 나타나지만, 만약 빛에 의해 그 환이 제거되면 거짓 뱀은 다시 나타나지 않는다. 그와 마찬가지로, 무지로 인해 **지고아** 안에서 나타난 '몸이 나다' 하는 망상도, 참된 지知에 의해 그 망상이 소멸되면 다시 나타나지 않는다.

해탈을 성취한 사람들은, 진아 안에서 일어나고 진아 안에 머무르고 진아와 합일되는 이 전 세계를 '자기와 다르지 않은 것'으로 볼 것이다. 그들이 그 안에서 어떤 모순을 보겠는가?
여기에는 나 외에 달리 무엇도 존재하지 않는다. 나는 이것을 맹세한다. 금 장신구는 금과 별개로 존재하지 않는다. 금의 형태를 바꾸어 거기에 이름을 붙이고 구별하듯이, 내가 나 자신을 여러 가지 방식으로 묘사하는 것이다. ―『스와루빠 사람』

이것이 진인들의 체험이다. 갖가지 장신구를 보는 동안에도 금을 시야에서 놓치지 않는 금세공인처럼, 생전해탈자는 갖가지 부가물을 지각할 때도 결코 진아를 시야에서 놓치지 않는다. 대공大空이 부가물[항아리의 외관] 때문에 항아리 안의 공간으로 불리듯이, 위없는 의식의 허공(*para akasa*)이 부가물[의식이 그 안에서 나타나는 몸] 때문에 내적인 진아로 불린다. '나'의 모든 자취가 소멸된 뒤의 생전해탈자는 거칠거나 미세한 부가물들을 보지 않게 되며, 이때 그것들은 불에 탄 천처럼 보인다.72)

설사 우리가 그림자처럼 따라오는 가족이라는 짐을 지고 있다 해

---

72) (편주) 불에 탄 천이나 밧줄은 겉보기에 불에 타지 않은 천이나 밧줄처럼 보일지 모르지만, 그것은 어디에도 쓸 수가 없다. 해탈 후의 진인의 마음을 묘사하기 위해 이 비유가 가끔 쓰인다.

도, 혹은 마야라는 구름이 가리고 있다 해도, 우리는 확실히 순수한 빛으로 빛나면서 주시자로 머물러 있는 지知의 태양이다.

어떤 일이 다가오든, 어떤 행위를 하든, 무엇을 기뻐하든, 우리는 순수한 의식일 뿐이어서, 초연한 채로 남아 그 어느 것도 됨이 없이 자각하고 있다.

무지는 어떻게 소멸되었나? 탐구의 지知는 어떻게 일어났나? 참된 지知의 체험에서 나온 그 명료함은 어떻게 얻게 되었나? 나 자신, 곧 진아 아닌 무엇을 내가 알거나 보는가? ─『스와루빠 사람』

위에서 든 체험에 따라, 그리고 자신의 참된 성품에 대한 직접적 깨달음으로 인해, 생전해탈자는 반야안주자(sthita prajna)로서 빛난다.73) 이것이 바로 껍질들의 제거이자 생전해탈이라고 일컬어지는 것이다.

60. 최종적 해탈과 초월

벽 속의 허공처럼
나는 성품상 스와루빠가 되었다.

위 인용문에서, 벽의 존재를 지지해 주는 그 벽이 점하고 있는 허공은 무소부재한 허공과 결코 달랐던 적이 없다. 만일 벽이 소멸하면 허공은 그 완전함의 상태에 아무 변화도 없이, 늘 그랬던 것처럼 허공에게 본래

---

73) "지知를 얻기 전에도 우리는 다섯 껍질과 별개로 있었다. 지知를 얻으면, 다섯 껍질과 다른 우리 자신을 제대로 알게 된다." ─『락샤나 브리띠(Lakshana Vritti)』
"항아리를 움직이면 항아리 안의 공간도 움직인다고 느낄지 모르지만, 항아리만 움직이지 공간은 움직이지 않는다. 진아는 허공과 같이 가만히 머물러 있다." ─「진아 깨달음 장」

적인 상태로 남아 있을 것이다. 마찬가지로, 몸이라는 부가물을 지지해 주는 진아의식은 본래적으로 **브라만**과 내내 하나였다. 따라서 부가물[몸]의 소멸은 진아의식의 참된 성품인 그 나뉘지 않은 비이원적 상태에 어떤 영향도 주지 않는다.

무지라는 원인신은 희유한 지知의 불길 속에서 재로 화하며, 가시적인 조대신은 때가 되면 시체가 된다. 그러고 나면 벌겋게 단 쇠 위에 떨어지는 물처럼, 미세신은 이들 세 가지 몸의 저변에 있고 영구히 전체로 남아 있는 **진아** 안에서 해소된다.

항아리라는 개체가 부서지자마자 항아리 안의 에테르(허공)는 일체에 편재한 에테르와 구분할 수 없게 된다. 마찬가지로, 몸의 한계가 사라지면 생전해탈자는 시작·중간·끝이 없고 안과 밖이 없는, 본래적이고 영원한 해탈의 몸 없는 상태로 돌아간다. ―『해탈정수』

지상에 화현한 지고한 스승의 도움으로 장애들을 제거하고 진아를 알게 된 사람이 몸을 떠나면, 마치 항아리가 소멸할 때 항아리 속의 공간이 (대공에) 합일되듯이 (지고아에) 합일된다. ―『브라부링가 릴라이』

니다가여, 매우 희유한 존재인 무신해탈자의 특징을 묘사해 보겠다. 모든 잔존 생각에서 벗어난 자, 오점 없는 **지고자**가 된 자, 고요하고 순수하고 강렬한 지복이 된 자, 하찮은 형상들과 무관한 자, 큰 침묵을 성취한 자, 결코 쇠퇴하지 않는 의식의 형상을 하고 **브라만**으로서만 머무르는 자―그가 무신해탈자이다. ―『리부 기타』

이 결론에 부합하게, 무신해탈자는 순수한 **브라만**으로서 머무른다.

'나는 속박되어 있다'는 생각이 지속되는 동안만 속박과 해탈에 대한 생각이 계속된다네. '속박된 자는 누구인가?'라는 탐구를 통해 자기 자신의 진아를 보게 되면, 항상 해탈해 있는 자가 진리로 남게 되네. 속박에 대한 생각이 머무를 수 없는데 해탈에 대한 생각이 어떻게 머무를 수 있겠는가? ─「실재사십송」, 제39연

여기서 마하르쉬님이 말씀하시듯이 해탈을 이룬다는 것 자체가 상상적인 것이라면, 그것을 생전해탈과 무신해탈로 나누는 것은 상상에 더한 상상으로 보일 수 있다.

어떤 사람들에게는 다음과 같은 의심이 일어난다.

'워낙 영리해서 그 상태나 실재에 대한 이야기를 듣지 않고서도 이 모든 것을 알 수 있는 사람이 있을까?'
'스승의 자애로운 눈길 없이도 순수한 존재로서 안주하고 지고한 지복의 공간에 합일되는 것이 가능한가?'

많은 사람들에게서 나타나는 이런 의심을 해소하기 위해 경전에서는 다음과 같이 말하고 있다.

화장터의 장작을 뒤집는 데 막대기가 쓰이듯이, 그분[스승]은 모든 큰 집착을 소멸하고 마침내 나를 소멸시키셨고, 끝없는 지知로서 머무르셨다.

실재하지 않는 것을 실재하지 않는 것으로 만들고 실재하는 것을 실재하는 것으로 만들기 위해서는, 진실로 스승이 필요했다.

이러한 체험으로 볼 때, 무지를 참된 지知로 변환시켜 헌신자들을 구원하는 것은 위없는 자비의 화신인 지고한 스승의 은총이다.

이와 같이 원인신을 제거함으로써 생전해탈을 성취하는 내면의 실재(kutastha-진아)가 조대신과 미세신을 제거하면 **브라만**으로서 빛난다. 이것이 바로 반열반般涅槃(parinirvana)이고, 대열반(mahanirvana)이다.74)

항아리가 깨지면 항아리 안의 공간은 대공大空과 합일된다. 마찬가지로, 지각력 없는 몸이 제거되면 내거하는 진아가 **지고아**에 합일될 것이다. ―「진아 깨달음 장」

기원문

반얀나무 아래 앉으신 분[다끄쉬나무르띠]의 찐무드라(chinmundra)를 통해 드러난 길과, 깔라디(Kaladi)에서 나타나신 분[샹까라]에 의해 설해진 비이원적 길과, 띠루쭐리에서 오신 분[스리 라마나]의 눈이 보여준 위대한 길이 영원히 살아남아서, 우리가 몸 받아 사는 삶(윤회)의 소용돌이 속으로 들어오지 않게 해 주기를.

베다에서 구현된 지知가 영원히 살아남고, 그 참된 길이 번영하며, 비非다르마가 다르마적 길을 통해 사멸하기를. 삼계三界가 스리 라마나의 지知의 눈길(jnana darshan)을 통해 침묵이라는 지복스러운 바다로 온전히 가득 차기를.

---

74) (역주) 이 문단과 그 뒤의 인용문은 영어판에 없다.

맺음말

고대의 다끄쉬나무르띠나 닷따뜨레야와 같이, 지고한 **브라만**의 화현으로서 나타나시어 우리 가여운 이들을 윤회의 바다에서 구원해 주신, 바가반 스리 라마나 마하르쉬의 신성한 연꽃 발이 영원하시기를!

말씀이 곧 **지고어**至高語였던 스리 마하르쉬의 자애로운 쁘라사드(prasad)로 나눠진 신성한 가르침을 모은 이 『라마나 다르샤남』이 영원히 살아남고, 이 저작을 귀히 여기며 지고한 상태의 복된 수혜자가 되는 이들이 영원히 사시기를!

저는 과거에 어떤 따빠스를 했습니까? 저의 주님이시여! 당신께서는 주 **라마나**로 오셔서 말씀하셨지요. "그대는 이 살로 이루어진 철창인가? 그대의 성품은 '나-나'로서 빛나는 참된 지知 아닌가? 탐구하라!" 한 마리 개나 다름없던 제가 육신이 되지 않도록 해주시기 위하여 당신께서는 저의 참된 성품을 드러내 주셨습니다.

"그대의 심상 속에서 '나는 누구인가?'를 탐구하면 '나는 몸이다'라는 거짓된 관념이 소멸되고 참된 지知를 성취할 것이다." 이런 말씀으로 당신은 자애롭게도 제가 침묵의 깨달음 쪽으로 노력하도록 만드셨고, 제가 진아로서 머무르게 하셨습니다. 당신의 그 자비행에 제가 어떻게 보답할 수 있겠습니까?

아루나찰라 라마나의 자애로운 두 발이 영원하시기를!

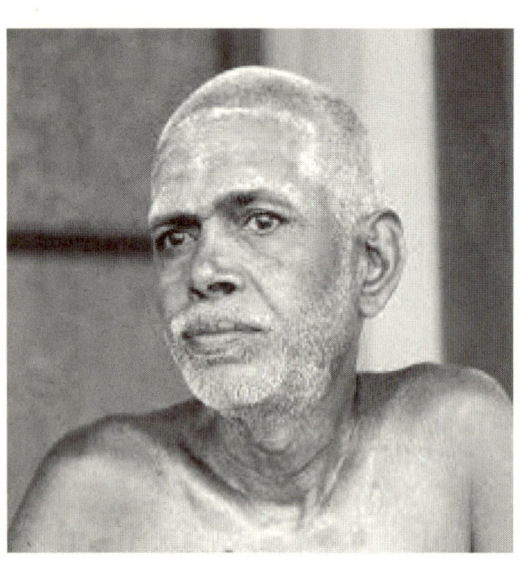

부록 1
아뜨마 기타(Atma Gita)

이것은 바가반이 대삼매에 드신 뒤 어느 때 사두 나따나난다가 지은 미간행 타밀어 시이다. 그는 여기에 두 개의 제목을 붙였다. 「아뜨마 기타(Atma Gita)」[진아의 노래]와 「넨자가 깐니(Nenjaga Kanni)」가 그것이다. '깐니'는 음악곡에 붙이는 2행시이다. 이 깐니의 이름(넨자가)은 각 연의 마지막 단어에서 유래한다.

마지막 두 연을 제외하면 모든 연은 진아가 마음에게 건네는 말이다. 연속성을 위해 많은 연에서 "오, 마음이여!"를 생략했고, 같은 이유로 많은 연들을 한데 묶었다. 한 곳에서는 비슷한 주제의 연들을 한데 모으기 위해 원래의 순서를 바꾸기도 했다. 이 시에는 사두 나따나난다 자신이 쓴 머리말이 앞에 온다. 머리말과 본문에 붙인 모든 설명적 각주들은 편자의 것이다.

타밀 시인 따유마나바르가 노래했다.

제 마음은 생시 상태에서 그 앞에 나타나는 모든 것에 집착하고, 이 집착을 놓아버릴 때는 잠이 듭니다. 언제 어느 때 그것이 당신께 도달하겠습니까?

이 말씀은 다음과 같이 부연해 볼 수 있다. "저의 비천한 마음의 성품은 깨어 있는 동안은—마치 수정이 그 앞에 놓인 꽃들의 색깔을 띠듯이—그것의 앞에 나타나는 지각의 대상들과 합일하고 그것들과 자신을 동일시하거나, 아니면 그것이 아무것도 인식하지 못하는 잠의 상태에서는 그 형상을 잃고 무지에 합일합니다. 그것이 언제 이 무지의 두 가지 상태를 버리고 의식의 형상인 **당신** 안에 합일하여 구원될까요? 그런 좋은 날이 바로 이번 생에 저에게 일어날까요?"

본 저작은 스리 따유마나바르의 이 올바르고 훌륭한 기도의 감정을 따라, 지각의 대상들로 이루어진 숲 속에서 끝없이 방황하면서 요동하는 마음을 바가반의 연꽃 발 속에 영구히 자리잡게 하기 위한 수단이다. 이 저작은 진아가 마음에게 유익한 조언을 해주는 형식을 취하므로, 「아뜨마 기타」라는 이름을 얻는다.

이 저작은 스리 바가반의 무한하고, 경이롭고, 신성하고, 상서로운 특징들과, 우리가 진아를 하나의 직접체험으로서 깨달을 수 있게 해주는 당신의 침묵의 가르침이 위대함을 찬양한다. 수행자의 단계에서 마음은 때에 따라 카멜레온처럼 라자스와 따마스에 의해 채색되는 것처럼 보이지만, 그것의 진정한 성품은 사뜨와로 남아 있다가 육신을 놓아 버림으로써 해탈을 성취한다.[1] 이 저작은 스승님에 대한 기억을 통해서 [사뜨와에서 라자스와 따마스로의] 이 변환이 일어나는 것을 방지할 수 있게 해줄 것이다. 나와 같이 무력한 헌신자들에게는 이 책이 반복적 성찰을 위한 텍스트로서 쓸모가 있을 것이다.

---

[1] 라자스(흥분, 활동성)와 따마스(무감각, 아둔함)는 번갈아드는 마음의 두 가지 상태로서, 교대로 혹은 결합하여 마음의 진정한 성품인 사뜨와(순수성, 조화)를 은폐한다.

기원문

피난처를 제공하시는 라마나 사드구루의 두 발은 마음을 진아의 상태 안에 자리잡게 하는 이 저작의 수호자이시네.

1   오, 마음이여! 가르치기 어려운 진리를 가르치셔서 나를 의식으로 바꿔 놓으신 지知-스승(*jnana-Guru*) 라마나로 화현한 것은, 실로 **부마**(*Bhuma*)[브라만]라네.

2-6   오, 마음이여! 그[브라만]는 순수한 의식임에도, 헌신자들의 무지를 없애주기 위해 인간으로 출현하는 것이 확립된 전통이라네. 신이 출현하여 스승의 형상을 취해 헌신자들의 구원자가 되는 것은 새삼스런 일이 아니네. 주님이 나얀마르들(Nayanmars)에게 은총을 하사하기 위해 많은 형상으로 모습을 바꾸어 출현했다는 사실은 세상 사람들에게 잘 알려져 있네.[2] 스승으로 오시지 않고서는 **마헤샤**(Mahesa)[위대한 주, 시바]께서 탄생의 불행을 끝내는 해탈을 하사하시기가 매우 어렵네.[3] 지知의 눈(*jnana drishti*)을 통해서만 오는 시바의 상태는 스승의 은총의 시선 없이는

---

[2] 나얀마르는 1,000년 내지 1,500년 전에 살았던 63인의 성자들이며, 그들의 생애담은 『뻬리야뿌라남』에 나온다. 시바는 이 헌신자들 중 많은 사람에게 현신했다.

[3] 샤이바 싯단타(Saiva Siddhanta) 전통에서는, 헌신자들이 궁극의 목표인 시바 의식과 하나 되는 것을 가로막는 아나바(*anava*)[에고], 까르마(*karma*), 마야(*maya*)의 세 가지 불순수(*mala*)가 있다. 이 셋을 모두 가진 사람들은 인간인 스승이 있어야 사다시밤(*Sadasivam*), 즉 시바 의식을 깨달을 수 있다. 아바나와 까르마만 가지고 있는 사람은 시바가 그들 앞에 신체적 형상으로 나타나면 사다시바에 도달할 수 있다. 『뻬리야뿌라남』에 나오는 헌신자들 중 많은 사람이 이 범주에 들 것이다. 불순수 요소로 아나바만 가진 세 번째 범주의 사람들은, 인간인 스승이나 외부적인 신의 친견 없이도 내면에 있는 진아의 힘을 통해 깨달음을 얻을 수 있다. 바가반은 진아의 힘만으로 깨달은 사람의 좋은 예일 것이다. 두 번째와 세 번째 범주에 드는 헌신자가 무척 드물기 때문에, 이 연에서는 인간인 스승의 필요성을 강조하고 있다.

얻기가 매우 어렵네.

7-11, 21 오, 마음이여! 전 세계의 **참스승**으로 오신 라마나 같은 분은 한 유가(*yuga*)[수백만 년]에 한 번 나오기도 지극히 어렵다네. 주님이 화현하신 것과 같은 때에 우리도 태어나서 당신의 종이 된 것은 우리의 큰 행운이라네. 존경받는 노여사 압바이(Avvai)[4]는, "우리가 수많은 생 동안 시바에 대한 숭배를 닦으면, 양식良識이 조금이나마 피어나리!"라고 말했네. 나는 오늘 압바이의 말에 아무 허물이 없음을 증명하여 세상 사람들에게 모범이 되었네. 이것은 내가 좋은 짜리야(*charya*) 등[5]을 통해 주님을 숭배해 왔다는 표시라네. 짜리야와 같은 행법을 닦는 목표는 지고한 스승의 두 발에 접근하기 위해서일 뿐이네.

12-15 오, 마음이여! 그분[바가반]은 내면에서 '나-나'로서 영구히 빛나는 진아로 안주하는 것이 은총의 핵심이라고 말씀하셨네. 우빠

---

[4] Avvai는 '할머니'라는 뜻이며, 유명한 여류 타밀 성자이다. 그가 지은 시들은 지금도 타밀나두에서 널리 읽히고 인용된다.

[5] 샤이바 싯단타에서는 짜리야(*charya*), 크리야(*kriya*), 요가의 세 단계 수행에 대해 이야기하며, 이것은 사다시바(*Sadasiva*), 즉 '시바 의식과의 하나됨'에 선행한다. 짜리야에는 외부의 신들에 대한 헌신적 의식儀式과 같은 행위와 행법들, 그리고 무집착이 포함된다. 크리야에서는 마음을 가지고 하는 숭배와 명상에 더 초점이 두어진다. 샤이바 싯단타 전통에서는 이 세 단계를 모두 거친 뒤에 사다시바를 얻을 자격을 갖추게 된다. 연속되는 이 연들(8~11연)에서 나따나난다는 전생에 자신이 수행한 덕행에 대한 보상으로, 자신이 바가반을 찾아가서 그의 은총을 받을 기회를 얻었다고 말하고 있다.

짜리야 앞에 '좋은'이라는 단어를 둔 것은, 그것이 무상업無相業(*nishkamya karma*), 곧 어떤 보상이나 결과를 전혀 생각함이 없이 하는 행위임을 의미한다. 종교적 의식 그 자체가 우리를 스승에게로 이끌어주지는 않고, 올바른 태도로 그것을 할 때만 그렇게 된다. 이 점은 『스승의 말씀을 따른 삶』(310~311쪽)에 나오는 다음 문답에서 분명하다.

질문: 우리는 언제 사두들과의 친교를 얻습니까?

바가반: 참스승과 친교할 수 있는 기회는 전생에 오랫동안 신에 대한 숭배나 염송, 따빠스, 순례 등을 한 사람들에게 자연스럽게 다가옵니다. 같은 취지를 밝히고 있는 따유마나바르의 시가 한 편 있지요. "오, 처음과 끝의 주이시여, 신상神像, 성지聖地, 성수聖水들을 제대로 숭배하기 시작하는 사람들은, 그들에게 진리의 말씀을 해줄 참스승을 만나게 될 것입니다."

전생에 무상업을 많이 행한 사람만이 스승에 대한 넘치는 믿음을 갖게 되겠지요. 그런 사람은 스승의 말씀에 대한 믿음을 가지고 있으므로, 그 길을 따라서 해탈이라는 목표에 도달할 것입니다.

데샤(*upadesa*)를 청하던 도중 내면에서 녹아내린 나에게 진인 라마나께서 말씀하셨네. "우빠데시(*upadesi*)[자신에게 가장 가까이 거주하는 자]로서 내면에 거주하라"고. 아루나찰라의 주님(라마나)의 은총을 통해 무수한 생의 불행이 끝났고, 나는 평안을 성취했다네. 스승님의 시선 앞에 서자, 폭군 같은 에고-유령이 마치 불을 만난 솜처럼 재로 화했네.

16-20 오, 마음이여! 탄생의 뿌리를 끊는 해탈의 상태 외에 그 무엇도 욕망하지 않는 이들은, 신조차도 스승보다 우월하지는 않다고 여길 것이네. 지(知)의 화신 **주 라마나**와 같은 신적 스승에 의하지 않고는, [늘] 타락한 길로 가는 오관을 소멸하기란 극히 어렵네. 속박을 소멸하는 스승 라마나의 친존에서는, 돋아나는 집착의 싹들이 소멸되고 에고의 일어남이 스러질 것이네. 우리가 이 자비로운 스승님의 종이 되는 행운을 얻으면 미혹으로 가득 찬 에고-유령은 사라질 것이네. 소멸하기 어려운 에고를 소멸하는 **참스승**이야말로 신의 모든 형상 중에서 으뜸이라네.

22-24 오, 마음이여! 모든 나무가 천신의 소원성취수(所願成就樹) 까르빠가(*karpaga*) 나무는 아니고, 모든 스승이 **참스승**은 아니네. 반얀나무 아래서 출현하신 진리의 달인인 분[다끄쉬나무르띠]과, 깔라디에서도 출현하신 분이 곧 띠루쭐리에서 출현하신 분이라네.6) 지혜와 자비를 갖추신 분이 거기서 출현했기 때문에, 띠루쭐리도 그 반얀나무와 깔라디가 얻은 것과 같은 명성을 얻었다네.

25-29 오, 마음이여! 그분[바가반]이 아루나찰라에 오셔서 이곳에 사신 것은, 오직 우리가 오래 전에 한 따빠스의 열매를 거둘 수 있게

---

6) 시바는 네 현자들에게 스승의 역할을 하기 위해 다끄쉬나무르띠로 화현했고, 그들은 침묵 속에서 그와 함께 앉음으로써 깨달았다. 깔라디(Kaladi)는 아디-샹까라짜리야의 출생지이고, 띠루쭐리(Tiruchuzhi)는 바가반이 태어난 읍이다.

하기 위해서였네. "저는 제 아버지를 찾아 떠납니다. 저를 찾지 마십시오." 이렇게 쓴 쪽지를 집에 남겨두고 당신은 이곳으로 오셨네.7) 아루나찰라로 오신 이유는 당신 형이 "이런 게 이런 녀석에게 다 무슨 소용이야?"라고 한 말이라고 하지만, 당신이 아루나찰라에 오시게 된 이면의 진정한 이유를 누가 실로 판정할 수 있겠는가?8) 그 이면의 진리가 무엇이든, 나는 당신이 아루나찰라에 오신 유일한 목적이 세상을 구원하기 위해서였다고 믿네. 예전에 샹까라로서 걸어다니며 베푸셨던 지(知)를, 이제 당신은 아루나찰라에 머무르심으로써 도처에 빛나게 하셨네.9)

30 오, 마음이여! 당신은 자비로운 눈길을 통해, '이와 같다'고 묘사할 수 없는 존재-의식을 마치 손 안의 물건처럼 우리가 체험할 수 있게 해 주셨네.10)

31 오, 마음이여! 『리그베다』를 위시한 베다들의 핵심 원리는 순수 존재가 우리의 진정한 성품이라는 것이네. 우빠데샤의 목표는 우리가 몸과 분리되어 무한한 진아로서 빛나도록 하는 것이네.

---

7) 바가반이 집을 떠나며 남긴 쪽지의 처음 세 문장은 이러했다. "저는 제 아버지의 명에 따라 그분을 찾아 떠납니다. 이것은 덕 있는 일을 시작한 것입니다. 따라서 이것의 행위에 대해 누구도 슬퍼할 필요가 없고, 이것을 찾아내려고 돈을 쓸 필요는 없습니다."
8) 1896년 8월 29일, 바가반은 학교 책들을 밀쳐두고 앉아서 명상을 했다. 이것은 당신이 진아를 깨닫고 나서 몇 주일이 지났을 때였지만, 가족들은 아직도 그에게 무슨 일이 일어났는지 모르고 있었다.
  형이 그를 발견하고 책망하여 말했다. "이렇게 행동하는 녀석이 왜 이런 걸 다 지녀야 해?" 그 말의 의미는, 하루 종일 명상하기 좋아하는 사람이 세속적인 삶을 왜 계속해야 하느냐는 것이었다. 바가반은 그 비판을 받아들여, 가족 중 누구에게도 말하지 않고 바로 그날로 아루나찰라를 향해 떠났다.
9) 아디 샹까라짜리야는 스승으로서의 생애 중 대부분을, 인도 전역을 도보로 여행하면서 사람들을 가르치며 보냈다.
10) 타밀 속담에 "자기 손 안의 넬리(nelli) 열매같이 분명하다"는 말이 있다. 이 말은 명백하고 자명한 어떤 것을 말하고자 할 때 사용된다. 바가반은 「진아지」 제1연에서, 진아는 손바닥 안의 넬리 열매보다도 더 자명하다고 말한다. 그러나 본 연에서 지적하듯이, 진아가 가까이 있는 물건처럼 자명하기는 하나 그것은 또한 묘사를 넘어서 있다.

33-36 오, 마음이여! 저 신적인 뗏목, 띠루쭐리 출신의 **주님**께서 베푸시는 은총의 눈길에 의하지 않고는, 탄생의 소용돌이로 가득 찬 강을 건너기는 지극히 어렵다네. 나는 과거에 어떤 선업을 지었기에 우리 주님께서 자애롭게도 강제로 나를 당신의 종으로 삼으셨던가? 당신은 "그대가 하다가 만 따빠스를 계속하라"고 거리낌 없이 명령하셨고, 내가 당신께 봉사하도록 받아주셨네. 당신은 **심장** 안에 자리잡은 상태를 성취하는 방도를 일러주셨고, 추 없는 종11)처럼 모든 책임이 끝나 버렸네.

37-39 오, 마음이여! 우리를 가만히 머무르게 하여 한가한 사람으로 변모시키는 이것이 실로 내 아버지의 은총이라네.12) 아루나찰라의 주님의 은총을 통해 무수한 탄생의 불행이 끝났고, 나는 평안을 성취했다네.13) 내가 신들도 얻기 어려운 해탈의 지복을 얻을 수 있도록 하기 위해, 당신은 내면 바라보기를 하사하여 나의 진정한 성품으로 나를 변모시키셨네.

40-43 오, 마음이여! 그분은 따빠스를 하는 것 외에 달리 해야 할 일이 없다는 것을 지비롭게도 보증하셨네. 이와 같이 당신은 나를 거짓과 고통에서 구해주셨네. 설사 얻기 어려운 스승의 달콤한 은총을 얻는다 해도, 따빠스를 하지 않고는 모든 원습을 완전히 소멸하기 어렵네. 속박을 야기하는 몸에 대한 집착을 소멸하기

---

11) 이것은 '나'라는 생각과 몸의 모든 활동이 자신의 것이라는 느낌이 없는 몸이다.
12) 『진어화만(*Guru Vachaka Kovai*)』, 제773연과 774연은 이러하다.
　　"우리의 주님[라마나]께서 우리에게 가장 위대하고 가장 강력한 따빠스로서 확고히 가르치시는 것으로는, '숨마 이루(*Summa iru*)[고요히 있으라]' 만한 것이 없다. 마음과 그것의 생각들에게 달리 해야 할 일은 아무것도 없다."
　　"그저 있으면서 비추는 한가한 상태가 진아의 상태이며, 그것이 우리가 될 수 있는 최고의 상태이다. 아주 대단하고 희유한 따빠스에 의지하지 않고는 성취할 수 없는 그 한가한 상태를 성취한 사람들을 가장 덕 있는 사람으로 존경하라."
13) 이것은 제14연을 되풀이한 것이다.

위해서는, 스승의 은총에 머무르며 그것을 명상하는 따빠스를 해야 한다네. **참스승**의 두 발에 대한 찬탄만이 참된 지知의 힘을 안겨주며, 그 힘이 오래된 강한 미혹을 소멸해 준다네.

44-48 오, 마음이여! 송아지가 딴 데로 갈 때마다 부르는 어미 소처럼, 그분[바가반]은 내가 오관의 끌어당김을 따라갈 때마다 나를 도로 당겨서 **심장** 안에 합일하게 하셨네. 내가 당신을 추구하지 않을 때조차도 스승님은 결코 나를 떠나시지 않고 나를 추구하셨네. 당신은 내게 결코 물리지 않는 감로인 은총의 젖을 주셨고, 충족시키기 어려운 합일에의 허기를 치유해 주셨네. 당신은 소와 같은 존재들에게도 애정을 가지신 분으로, 그들의 믿음과 사랑으로 장식된 분으로 빛나셨네.14) 그분은 모든 존재들의 심장을 사로잡는 솜씨에서 달인이셨음을 알라.

49-54 오, 마음이여! 마음을 소멸하는 위없는 학學의 달인으로 사셨던 분이 마치 꿈인 양 방금 어디선가 우리의 시야를 떠나셨네.15) 이 진인이 우리의 시야에서 사라진 것은 은총을 하사하는 어머니로서의 당신 임무가 끝났기 때문인가? 우리 앞에 스승의 형상을 보여주셨던 **주님**께서 당신의 태곳적 형상으로 다시 나타나실 것인가? 당신을 찾아온 모든 사람을 순수 의식으로 안주하게 만드는 솜씨를 가지셨던 진인을 우리가 다시 한 번 뵐 수는 있을까? 바르지 못한 사람들조차도 물리치지 않고 [모두를] 받아들이고 보살피셨던 주님께서 성스러운 형상을 입고 다시 나타나실 것인가? 당신의 평등한 소견에는 차별상의 자취조차 없었던 분을 다시 한 번 만나기가 쉬울 것인가?

---

14) 다른 해석: "당신은 소와 같은 존재들에게도 자애로운 애정을 가졌던 분으로 빛나셨네."
15) 이 연과 이하 다섯 연에서 나따나난다는 바가반의 육신이 떠난 것을 슬퍼하고 있다.

55-59   오, 마음이여! 사악한 사람조차도 만약 당신께 귀의하면 진아로 변모시키는 능력을 지니셨던 그분 같은 이를 발견하는 것은 매우 희유한 일이네. 비록 그분이 귀하고 드문 분이기는 했으나, "당신이 저의 귀의처이십니다"라고 말하는 사람들에게 당신은 그들의 적법한 주인으로 계시면서 그들에게 지복을 하사하셨네. 그분은 좋은 사람인 척하는 사람들에게서도 허물을 보지 않는 순수한 분이셨다네. 그분은 세상에 존재하는 온갖 종교에 속한 사람들이 다 받아들일 수 있는 스승으로 빛나셨네. 전 세계에서 온 사람들이 지知의 화신이신 라마나를 참스승으로 받아들여 당신께 귀의했다네.

60-61   오, 마음이여! 이제부터 세상 사람들은 신들 중의 신으로 사셨던 분께 어떻게 도달할까? 우리가 아무리 많은 생을 태어나도, 그분 같은 스승과 주님은 꿈속에서조차 뵙기가 어려울 것이네.

62   오, 마음이여! 하나의 뿌리에서 증식하는 바나나 새끼순들처럼, 그분은 발현업을 초월하는 수단을 내놓으신 샹까라의 계보에서 나오셨다네.16)

63-5   오, 마음이여! 그분이 말씀하셨네. "나는 도처에 존재하는데, 내가 어디로 갈 수 있나?"17) 그렇다면 당신이 어디로, 어떻게 가

---

16) 바나나나무는 큰 줄기가 죽기 전에 뿌리에서 많은 순이 자라나 새로운 나무가 된다. 이 과정은 종종 스승의 계보들이 구축되는 방식에 대한 비유로 쓰인다.
    "플랜틴[바나나] 나무는 열매를 맺고 죽기 전에 뿌리에서 순을 내는데, 이 순을 옮겨 심으면 같은 나무가 자라나듯이, 고대의 원초적 스승[다끄쉬나무르띠도 리쉬인 제자들의 의심을 침묵 속에서 해소해 준 뒤에 순들을 남겼고, 그 순들은 항상 증식하고 있습니다." ―『라마나 마하르쉬와의 대담』, 대담 17번(30쪽).
17) 대삼매에 들기 얼마 전에 바가반이 말했다. "그들은 내가 가 버린다고 말하지만, 내가 어디로 갈 수 있나? 나는 여기 있다." 어떤 사람들은 이를 두고 바가반이 어떤 미묘한 방식으로 라마나스라맘에 머무르신다는 뜻으로 해석했으나, 나는 나따나난다의 해석을 따라 그 의미를 이렇게 본다. "나는 모든 존재들의 심장으로서 존재하는 진아이고 또 항상 그럴 것인데, 어떻게 '간다'는 문제가 일어날 수 있는가?"
    나따나난다는 그 다음 문장에서 이 해석에 대해 부연 설명한다.

실 수 있겠는가? 사멸할 육신은 포기하셨지만, 당신은 늘 우리의 심장 속에, 감각 기관의 앎을 넘어선 '존재하는 것'(실재)으로 계시네. 우리 자신의 어머니보다 더 다정하게 은총을 하사하신 그분은, 앞으로도 우리의 보이지 않는 안내자이자 지지자로서 빛나실 것이네.

66-8 오, 마음이여! 베다에서는 희유한 **지고의 존재**가 우리 자신의 진아로서 안주한다고 선언하는데, 어떻게 스승을 우리의 진아와 다르다고 여길 수 있겠는가? 스승은 우리와 다르고 우리는 스승과 다르다고 보는 것은 무지라네. 그러니 '나와 신'이라는 관념을 갖지 말고, 비이원적 의식인 실재 안에 합일하라.

69-73 오, 마음이여! 내가 이제까지 너와 합일되어 있었듯이, 너는 영원히 나와 합일되어 있다. 우리의 본래적 상태는 '나'와 '너'와 같은 차별적 생각을 함이 없이 진아로서 안주하는 것이네. 정해져 있는 것에 대해 신나하거나 침울해함이 없이, 진아안주 안에 그대 자신을 수습하고 의식과 함께 잠들라. 완전한 실재 체험은 행위와 지각의 열 가지 기관과 연관됨이 없이 주시자로서 안주하는 것이네. 몸은 발현업으로 인해 불행과 기쁨을 경험한다네. 전개되는 이 운명에 대해 주시자로서 빛나라.

74-78 오, 마음이여! 스승인 척하고 많은 제자들을 모아 [그대에게] 봉사하게 하면서 자만하지 말라. '나로서 일어나지 않음이 지知임을 너무나 잘 알면서 왜 선악에 대한 생각에 몰두하는가? 진리에 애착하는 심장 안에서 빛나는 참된 지知는, 그대 안에 거짓이 있는 한 빛날 수가 없다네. 시바-라마나(Siva-Ramana)께서는, 꿈속에서조차 속임수와 거짓에 관여하지 않는 것이 참된 따빠스라고 말씀하셨네. 속임수와 거짓에 관여하지 않겠다는 맹세를

지키는 포기(출가)—이것이야말로 우리가 하는 따빠스에 확실한 구원과 안내를 제공해 줄 것이네.

79-87 오, 마음이여! 재가자의 삶도 참된 지知를 하사하네. 그러나 출가수행(sannyasa)에서 그러한 만큼 지知가 잘 빛나는 것은 드문 일이네.18) "재가자의 다르마보다 더 좋은 다르마는 없다"고 말한 존경받는 노여사 압바이가 그 길을 포기하고 출가했다는 사실을 깊이 숙고해 보라.19) 집에 있으면서도, 즉 재가자로서도 해탈을 성취할 수 있다는 조언은 근기가 되지 않는 사람들을 위한 말일 뿐이네. 주방에서 일하는 사람들은 먼지와 검댕으로 더럽혀지지 않을 리가 없고, 그럴 수도 없네. 그와 마찬가지로, 가정과 연관을 가지고 있는 사람들은 집착이 없는 사람으로는 좀처럼 보일 수가 없네. 재가자로서 진아를 깨달았던 야냐발키

---

18) 79-87연에서 피력된 견해는 나따나난다의 것이지 바가반의 견해는 아니라고 본다.

바가반은 누구에게도 결코 출가자가 되기 위해 가정적 책임을 포기하라고 권하지 않았다. 사실 당신은 사람들을 출가자로 만들어 주기를 거부했다. 바가반은 몸의 출가에 대해 질문 받으면, 포기해야 할 것은 생활방식이 아니라 마음이라고 답변하곤 했다. 나따나난다는 뒤에 나오는 시의 제33연에서 바가반의 그러한 믿음들 중 하나를 기록하고 있다. 재가자일 때보다 출가자일 때 진아를 깨닫기가 더 쉽다고 하는 바가반의 어떤 주장도 나는 접해 본 적이 없다. 『친존의 힘(The Power of Presence)』(제1권), 7쪽에서는 그 반대로 당신이 랑간에게, "재가자로 살면서 진인이 되기가 더 쉽다"고 말했다.

나따나난다는 그런 조언이 '근기가 되지 않는 사람들'에게만 해준 것이라고 주장할지 모르나, 그것은 가정적 임무를 버리고 싶어 하는 모든 사람에게 바가반이 해준 표준적 답변이었다. 바가반은 세간적 임무가 없는 헌신자들이 당신 곁에 수년 혹은 수십 년 머물러도 상관하지 않았다. 사실 당신은 그들 중 몇 사람에게는 그렇게 하라고 권하기도 했다. 그러나 이것을 두고, 바가반이 가정생활을 포기하는 것이 더 수승한 길이라고 가르쳤다고 해석해서는 안 될 것이다.

바가반은 참된 출가를 익은 열매가 자연히 나무에서 떨어지는 것에 비유했다. 그것은 재가자로서의 삶을 버리겠다는 결정에 의해 강제될 수 있는 과정이 아니다. 당신은 『박따 비자얌(Bhakata Vijayam)』에서 냐나데브가 (출가를 원한) 비또바에게 해준 다음 조언을 종종 인용하곤 했다. "그대가 어디에 있든, 세속 사회에 있든 숲속에 있든, 같은 마음이 늘 그대와 함께 한다. 그대가 어디서 거주하든 그것은 예전과 똑같은 그 마음이다."

19) 압바이 자신은 결혼을 하지 않았고, 전통적인 가정생활을 크게 지지한 사람도 아니었던 것 같다. 그녀는 자신이 지은 한 시에서, "[결혼생활과] 병행할 수 없는 것이 있을 때는, 아무에게도 말하지 말고 출가하라"고 했다.

야(Yajnavalkya)도 [재가자의 삶이] 고통이라고 여기고 나중에는 출가자가 되었네.20) 그는 아무 집착이 없는 아내 마이트레이와 함께 사는 재가자의 삶조차도 유익한 삶이 아니었다고 말했네. 상대적인 지知를 초월한 사람들에게만 오는 침묵(mauna)의 상태는 유독有毒한 재가자의 삶 속에서는 얻기가 매우 힘들다네. 우리가 참으로 살펴본다면 띠루발루바르(Tiruvalluvar)나 자나까 같은 사람은 천만 명에 한 명을 발견하기가 힘든 법이네.21) 쇠에 박혀 있는 빼어난 보석은 금에 박혀 있을 때만큼 잘 빛날 수가 없다네.22)

88-94 오, 마음이여! 신들조차도, 성취하기 극히 어려운 진리를 성취한 행운을 지닌 사람들의 위대함에는 필적하지 못한다네. 명료한 지知의 힘을 통해 오관을 소멸하라. 그런 다음 지知의 주가 되어 내적인 빛으로 충만한 침묵의 왕국을 통치하라. 실재를 보는 행운은 마음의 포기에 의해서만 얻어지며, 계급과 가문의 우월함으로는 얻어지지 않네. 시바-지知(Siva-jnana)의 체험은 출생 등의 우월함을 통해서가 아니라 영적인 성숙을 통해서만 얻어진다네. 진인 라마나께서는 지고자를 깨닫기 위해서는 성숙함만으로 족하다고 선언하셨네. 달리 아무것도 중요하지 않네. 자신이 [출생 신분상] 높거나 낮다고 말하는 것은 몸을 두고 하는 말이며 우리의 실상인 진아와는 무관하다네. 선한 행위와 행동 분야

---

20) 야냐발키야는 자나까 왕의 스승으로, 고대 인도의 가장 유명한 진인들 중 한 사람이었다.
21) 띠루발루바르는 영적·도덕적 격언들을 담고 있는 책인 『띠루꾸랄』의 저자이다. 대다수 학자들은 이 책이 기원전 1세기와 기원후 2세기 사이에 쓰여졌다고 말한다. 띠루발루바르는 재가자로 살았다. 자나까는 깨달음을 얻고 나서도 나라를 다스린 왕이었다. 바가반은 몸의 출가가 필요한지에 대한 질문을 받으면, 세간을 떠나지 않고 진아를 깨달았을 뿐 아니라 그 후 계속 세간에 머무르며 자신의 임무를 수행한 사람의 예로 종종 자나까를 들곤 했다.
22) 다시 말해서, 재가자로서 깨달은 삶을 사는 사람들은 출가자로서 사는 사람들만큼 잘 빛나지 않는다는 것이다.

에서의 참된 위대함은 은총과 하나가 되는 것뿐이네. 그 밖의 모든 것은 입에 발린 말을 하는 것에 지나지 않네.23)

95-98 오, 마음이여! 아기처럼 살면서 진인의 성품을 지닌 고귀한 이들은 신성하고 은총으로 충만한 부류에 속한다네. 우리의 참된 성품을 은폐하는 몸에 대한 의식을 소멸함으로써 자기 자신을 구원한 저 저명한 이들은 신적인 위대함을 가지고 있다네. **참스승의 두 발과 합일한 이들은**, 비록 세간에 살면서 보통 사람들과 같은 몸을 걸치고 있다 해도 티끌만한 마음의 동요도 가지고 있지 않다네. 살아 있는 동안에도 해탈의 부(富)는 얻어진다네. 그것은 몸이 죽은 뒤에 성취되는 것이 아니라네.

99-100 오, 마음이여! 현재의 몸의 성품이 무엇이든, 같은 성품이 다음 번 몸의 삶으로 될[정해질] 것이네. 이번 생이 다시 얻지 못할지도 모를 희유한 삶이라고 여기고, 모든 헌신자들이 꿈속에서조차 두려움에 떨었네.

101-4 오, 마음이여! 주님의 연꽃 발과 합일함으로써 자신을 구원하는 사람들은 지知를 지닌 정수리 보석24)으로 빛날 것이네. 상대적인 지知가 없는 존재-의식이신 스승님이 나의 내적인 어둠을 없애주셨네. 당신이 주신 도움에 대해 어떤 보상이 있을 수 있겠는가? '나'라는 생각이 태어나는 영구적 바탕이신 당신께 바칠 신성한 공물로는, '나'라는 생각의 공물이 적절하다네. "그대가 영원히 살기를!"이라고 말씀하시어 나를 영원히 살게 해주신 분

---

23) 다시 말해서, 마음이 별로로 남아 있기보다는(설사 그 별개인 상태의 마음이 고도로 덕스러운 것이라고 해도) 진아 안에서 사라지는 것이 더 큰 성취라는 것이다. 또한 바가반은 올바르고 덕스러운 행동은 진아 깨달음에 이르는 경로가 아니라 그 한 결과라고 가르쳤다는 점도 유념해야 한다.
24) 정수리 보석은 머리 꼭대기에 다는 보석이다. 정수리에는 가장 값비싼 보배를 단다.

[바가반]의 두 발을 축복할지니. 오, 마음이여! 너도 이제는 내 통제 하에서 살도록 하라.

105 오, 마음이여! 발현업을 초월하는 방도를 설하신 그분의 은총 계보 안에 들어오는 사람들은, 모두 한 뿌리에서 증식하는 바나나 새끼순들처럼 산다네.

106 오, 마음이여! **주님**에 대한 나의 봉사를 완수함으로써 나를 구원해 준, 자기희생이라는 너의 완전한 봉사가 이 저작 안에서 영원히 살아 있기를!25)

107-108 우리가 진아를 탐구하여 깨닫도록 만드는 스승님의 두 발과 하나가 될 수 있게 해주는 이 「녠자가 깐니」가 영원하기를! 라마나님의 두 발이 영원히 살아 있기를! 당신의 말씀이 영원히 살아 있기를! 당신의 헌신자들이 영원히 살아 있기를! 아루나찰라가 영원히 살아 있기를!

---

25) 나따나난다는 자신의 마음에게 말하고 있다. "너 자신을 제거함으로써 너는 스승님에 대한 완전한 봉사를 하였다. 그에 따른 깨달음의 상태가 이 시의 연들 안에서 영원히 살 것이다."

부록 2

띠루바루뜨 셀밤(Tiruvarut Selvam)

[신적 은총의 부富]

 이 시의 전반부에서 사두 나따나난다는 주로 자신의 영적인 결함과 그것을 극복하지 못하는 자신의 무능력에 대해 하소연하고 있다. 제50연 근처에서 어조가 바뀌기 시작하여, 그 뒤의 많은 연에서는 자신이 진아를 깨닫도록 은총을 베풀어준 바가반께 감사하고 있다. 자신의 부족함에 대한 한탄과 그것을 극복한 데 대한 감사가 교차하는 이 역설적 문체는 타밀 헌신시들의 공통된 특징이다. 유명한 많은 성자들이 깨달음을 얻은 뒤에도 자신의 허물을 극복할 은총을 베풀어 달라고 간청하는 타밀어 시를 지었다. 바가반도 이 방식을 따라 「문자혼인화만(Aksharamanamalai)」을 지었다(이것은 구도자 혹은 헌신자의 관점에서 지어졌다). 왜냐하면 그 많은 연에서 당신은 자신의 영적인 문제를 극복하게 도와달라고 아루나찰라에게 청하고 있기 때문이다. 「문자혼인화만」은 바가반이 진아 깨달음을 얻고 나서 17년 뒤에 지어졌다.
 이 점을 염두에 두면, 이 시의 후반부에서 표현된 감정들은 나따나난다의 실제 체험을 표현하는 반면, 그 이전 연들에서는 마치 자신이 무지하고 깨닫지 못한 사람인 것처럼 하는 고대의 시적 전통을 따르고 있다고 보는 것이 합리적이다.

기원문

　신적 은총의 부富가 갖는 위대함을 묘사하기 위하여, 우리 아버지 라마나의 저 내적 어둠을 몰아내는 두 발에 절합니다.

1　신적 은총의 부가 번성하려면 구루 라마나의 두 발 가까이 머무르는 것 외에는 다른 방법이 없다네.
2　삼계三界1)를 뒤져도 진인 라마나와 같은 참스승을 만나기는 지극히 어렵다네.
3　개와 같은 저도, 감로甘露로 충만해 있고 헌신자들을 기쁘게 하는 당신의 발 아래서 안주할 날이 오겠습니까?
4　오, 저의 주님이시여! 비참한 자인 제가 지知로 충만한 당신의 자비 덕에 당신의 은총 안에 합일될 날이 오기는 하겠습니까?
5　은총의 열매는 제가 미치지 못할 곳에 있다고 여기면서 괴로워하던 저에게, 당신은 꿈에 나타나 말씀하셨지요. "미치지 못할 것이란 없다. 그러니 괴로워하지 말라"고.
6　당신께서는 "그대가 은총이라는 달콤한 열매를 얻을 복이 없다면, 내 헌신자가 되는 복도 얻지 못했을 것"이라고 하셨지요.
7　저는 살아가면서 이렇게 생각합니다. '설사 베다의 말씀을 거짓으로 지어낼지언정, 위대한 요기이신 당신의 완전한 말씀은 결코 지어낼 수 없다'고 말입니다.
8　오래 전 순다라르(Sundarar)를 힘으로 붙잡아 가신 삼안신三眼神[시바

---

1) 이 세계와 천상계 및 하계.

처럼,2) 당신께서는 오늘 저를 붙잡아 당신의 두 발 안에 자리잡게 하셨습니다.

9 '내가 구원 받을 날은 언제 올까?' 하고 생각하며 괴로워할 때, 당신께서는 "나를 찾아온 뒤에도 왜 구원받을 것을 의심하는가?"라고 말씀하시며 저를 축복해 주셨습니다.3)

10 사랑으로 충만한 당신의 신성한 입에서 축복을 얻는 행운을 얻었음에도, 저는 아직 불행으로 가득한 탐닉(대상들에 대한 몰두)의 짐을 벗어 버리지 못했습니다.

11 저의 **주님**이시여! 언제 제가 욕망에서 벗어나 내면을 바라보고, 당신께서 순수한 존재라고 분명하게 표현하시는 저의 참된 상태 안에 자리잡겠습니까?

12 당신께서 말씀하셨지요. "**심장** 안에 '내가 있다'는 존재-의식으로 확고히 자리잡으면, 환의 마음, 마야는 사라질 것"이라고 말입니다.

13 당신께서 말씀하셨지요. "일어나는 에고를 존재의 확고함을 통해 **심장** 안에 붙들어 두는 마음의 힘만이, 그대를 실재와 합일할 수 있게 할 것"이라고 말입니다.

14 물속에 밀어 넣은 코르크는 그것을 놓자마자 떠오릅니다. 그와 마찬가지로, 만약 요동하는 에고를 내면으로 가라앉히려고 할 때마다 그것이 거듭거듭 일어난다면 어떻게 해야 합니까?

---

2) 시바는 순다라무르띠의 결혼식 때 변장하고 나타나 순다라무르띠가 자신의 종이라고 주장하여 결혼식을 가로막았다. 그것을 증명해 보라고 하자 시바는 순다라무르띠의 할아버지가 서명한 문서를 꺼냈는데, 거기에는 "나와 내 후손들은 언제나 시바의 종이다"라고 쓰여 있었다. 마을 어른들이 그 서명이 진짜임을 확인하고 그 주장을 받아들이자, 시바는 순다라무르띠를 데리고 떠나 버렸다.
3) 바가반은 언젠가 사두 나따나난다에게 이렇게 말했다. "왜 그렇게 낙담하는가? 만약 그대가 참으로 금생에 진아를 깨달을 근기가 못 된다면, 이곳에 아예 오지 못했겠지. 그대를 여기로 데려온 그 힘이 그대를 깨닫게 할 것이네. 설사 오늘이 아니라 해도, 그것은 반드시 약속을 성취하게 되어 있네. 낙담해야 할 이유가 없네."

15 오, 신이시여! 우리가 진언을 염하여 환幻인 유령을 쫓는 것과 마찬가지로, 당신의 은총을 이용하여 마음, 곧 무지를 소멸하는 것이 당신께 어려운 일이겠습니까?

16 오, 참스승이시여! 당신께서 저의 몸과 소유물을 점유하셨듯이 저의 영혼도 받아들여 주시고, 그렇게 하여 무지각의 몸을 자신과 동일시하는 이 삶도 자비롭게 끝내 주십시오.

17 제가 당신께 간청하는 것은 당신께서 저를 영구히 당신의 발아래 두어 제가 그 발을 떠나지 않게 하시기 위함이라는 것을 아십시오. 달리 아무것도 원치 않습니다.

18 지知의 길은 우리 자신의 내면에서 에고가 일어나는 원천을 추구하고, 그렇게 함으로써 거기에 도달하는 것이라고 말씀하셨지요. 그러나 당신께서는 저에게 내면으로 향하는 주의력을 자비롭게 하사하지 않으셨습니다.

19 만약 가르침(upadesa)을 청하는 것에 덧붙여, 내면을 향한 주의력을 하사해 달라고 청하는 것이 적절치 못한 청이라면 저를 용서해 주셔야 할 책임이 있으십니다.

20 오, 신이시여! 에고가 그 뿌리와 함께 소멸되지 않는다면, 어떻게 우리가 심장 속에 들어가서 존재-의식으로 안주할 수 있겠습니까?

21 만약 저를 꼭 붙잡아 주시어 우리 사이에 분리가 없게 하지 않으신다면, (제가) 의식으로서 빛나기란 불가능할 것입니다.

22 당신께서는 고요히 머무르는 것이 지복이라고 말씀하셨지만, 이와 같이 고요히 머무르는 미묘한 방법은 아직 저의 수중에 들어오지 않았습니다.

23 시바 체험은 의식으로서 빛나는 것이라는 것은 알지만, 직접체험을 통해 그 상태를 아는 행운을 저는 얻지 못했습니다.

24 진아 안에 확고히 자리잡고 있는 상태는 심적인 관념으로 존재하지만, 아쉬땅가(ashtanga) 요가4)의 궁극적 체험인 그것을 저는 아직 얻지 못했습니다.

25 저는 베단타의 진리를 상세히 설명하는 법만 배웠지, 침묵의 상태, 곧 나단타(nadanta)5)에 도달하는 법은 배우지 못했습니다.

26 저는 추론을 통해 지식을 습득했지, 요가의 힘을 통해 의식을 깨닫는 법은 조금도 배우지 못했습니다.

27 생각이 없고 집착의 느낌이 사라진 그런 시간에, 저는 당신에 대한 생각을 가지고 머무르기를 열망했습니다.

28 모든 생각을 포기함으로써 저의 본래적 상태를 성취하는 것 말고는 달리 아무것도 제가 욕망하지 않는다는 것을 아십시오.

29 오, 주님이시여! "진아를 깨달은 이들과 교류하는 사람들 역시 진아를 깨달을 것이다"라고 하신 당신의 귀중한 말씀이, 한 마리 개인 저에게는 해당되지 않겠습니까?

30 당신께서는 모든 해탈인들의 찬양을 받는 무니들(munis)[진인들]의 왕이십니다. 만약 당신의 말씀이 참되지 않다면, 띠삐스를 통해 무엇을 성취할 수 있겠습니까?

31 오늘날까지 저의 '나는 몸이다'라는 경험에 실망한 제 안에서, 당신의 달콤한 존재-의식의 체험이 일어났습니다.

32 훤하신 이마가 비부띠(vibhuti)로 장식되시는 **주님**! 제가 입으로 당신의 영광을 찬양하게 되는 그 상태를 성취할 만큼의 행운이 있다면,

---

4) 아쉬땅가 요가, 곧 '8지肢 요가'(라자요가)는 올바른 행동(금계, 권계)에서 시작, 하타요가, 집중, 명상을 거쳐 진보하여 결국 진아체험인 삼매에서 정점에 이르는 영적 발전의 체계이다.
5) 샤이바 싯단타의 철학 용어로 나다(nada)는 현현(세계의 출현, 또는 현상계) 이면의 에너지와 모든 말의 원천이자 기원이라는 두 가지 뜻을 갖는다. '나다의 끝'이라는 뜻의 '나단타'는 현현 이전의 침묵의 상태를 의미한다.

사람으로 태어난 으뜸가는 이익6)이 따르겠지요.

33 당신께서는 "완전한 포기는 세상을 포기하는 것이 아니라 에고를 완전히 포기하는 것"이라고 선언하시는, 큰 보배이십니다.

34 오, 주님이시여! 몸과의 관계를 종식하는 것이 그 영혼의 해방임을 깨닫지 못하고, 저는 재산·소유물·하인들을 추구하면서 고초를 경험했습니다.

35 세간적 삶[에 대한 집착]이 있는 한 어떤 구원도 없다는 것을 알고 있지만, 개와 같은 저에게 감각 기관이 지각하는 대상들의 즐김은 아직 시큼해지지 않았습니다.

36 저의 발현업[운명]을 경험하고는 지쳐서 잠이 들지만, 이것은 세 가지 공空7)을 넘어선 지고의 찬란한 상태를 산출하지 않을 것입니다.

37 앞에 나타나는 것이면 뭐든 집착하는 제 마음이, 당신의 은총에 의하지 않고도 과연 안정되어 저 자신의 진아인 은총을 따르겠습니까?

38 마음이라는 유령이 끊임없이 형상을 바꾸면서 진리를 가립니다. 비참한 자인 제가 그것으로부터 얻는 불행은 분명 적지 않습니다.

39 튀어 다니는 공과 같은 제 마음의 동요와 흥분을 끝내주신다면, 저는 걱정에서 벗어나 의식-지복이 될 것입니다.

40 돌을 물로 바꾸고 물을 돌로 바꾸실 수 있는 당신께, 제 마음을 의식으로 바꾸어 놓는 일이 뭐 그리 어렵겠습니까?

41 자비롭고 위없는 분이시여! 제가 당신의 시선을 얻기 위해 당신께 귀의했으니, 저를 바라보아 주시고 저를 구원해 주소서.

42 전능하신 당신께는, 당신의 불의 시선으로 저의 돌 같은 심장을 녹이는 일도 가능하지 않겠습니까?

---

6) 사람으로 태어난 으뜸가는 이익은 진아를 깨닫는 것이다.
7) 세 가지 공(즉, 공한 것)은 개아(*jiva*), 이스와라(Iswara), 세계(*jagat*)이다.

43 배고픈 아기에게 달려가서 아기를 안아 올리고 젖을 꺼내어 먹이는 엄마처럼, 저의 심장 속에 나타나시어 진지(jnana)에 대한 저의 극심한 배고픔을 끝내 주소서.

44 당신 외에는 달리 [구원을 베풀어 줄 수 있는 분이] 아무도 없다는 것을 잘 알고 나서도 만약 제가 당신을 떠난다면, 나고 죽음이라는 병을 고쳐 주실 분이 누가 있습니까?

45 눈물이 강물처럼 흐를 만큼 당신에 대한 사랑을 넘치게 지닌 마음을 갖는 것 말고는, 구원 받을 어떤 수단도 없습니다.

46 저의 **주님**이시여! 제가 책 지식으로 지치고 좌절하게 하심이 없이, 저에게 순수함이 넘치는 아이의 마음을 하사해 주십시오. 그와 같이 당신께 매달리게 해 주십시오.

47 저는 에고라는 호랑이의 입 안에 붙잡혀 있습니다. 저를 종으로 삼으신 당신 말고, 이 세상에서 저를 구해줄 책임을 지니신 분이 달리 누구입니까?

48 제가 "당신이 저의 귀의처입니다" 하면서 당신의 두 발을 붙든 그 날, 당신께서는 "두려워하지 말라"고 하시며 저를 두려움에서 빗어나게 하셨습니다.

49 나는 내 삶을 스리 라마나의 보호에 내맡김으로써 짐을 덜었다네. 내 삶에 대한 책임은 그분의 것이 되었고, 나는 구원을 얻었네.

50 어떤 행위도 '나의' 행위가 아니고 모든 행위는 **주님**의 행위라는 것을 깨달았을 때, 나는 에고에서 벗어났다네.

51 스리 라마나에 대한 생각만이 내 마음을 맑혀 주면서, 나고 죽음의 두려움을 완전히 몰아냈다네.

52 따모구나(tamoguna)라는 유령은 '나모 라마나야(Namo Ramanaya)'라는 훌륭하고 유익한 진언에 의해서만 쫓아 버릴 수 있었네.

54 억압적인 집착을 제거하자 '나'가 죽었네. 지금 이 몸을 살아 움직이게 하는 것은 존재-의식이며, 그것이 나의 **주님**으로 안주한다네.

55 내가 나쁜 어울림(무지한 사람들과의 교류)을 통해 나의 진정한 성품에서 미끄러졌을 때, 그것[존재-의식]이 나에게 좋은 어울림(삿상)을 갖게 하고 내 과오를 바로잡아 주었네.

56 나는 가정생활이라는 황폐해진 우물에 뛰어들었지만, 그분[바가반]께서 나를 끌어올려 불행에서 벗어나게 하셨네. 나를 완전히 구해 주셨네.

57 일체를 안다는 자만심을 가졌던 나에게, 나의 **주님**께서 (나의) 무지를 몰아내고 지知의 눈을 주셨네.

58 저는 성숙되기를 지극히 열망하고 나서야 참으로 준비가 되었습니다. 제가 [허용되는] 모든 한계를 위반하여 곤경에 처하기 전에, 당신께서 이 허물의 뿌리를 솎아내 주셨습니다.

59 양심의 가책도 없이 헌신자들을 속이며 제가 스승인 체했을 때, 당신께서 저의 어리석은 행동을 끝내 주셨습니다.

60 당신께서는, 겸허해지는 것, 원자처럼 작아지는 것이 지극히 위대하다고 선언하셨습니다. 이와 같이 저를 당신의 두 발 그늘 아래 두셨고, 볼품없는 자이던 저를 겸허하게 만드셨습니다.

61 외적인 포기를 한 뒤에도 마음이 포기되지 않은 것을 제가 발견했을 때, 당신께서는 저에게 [신체적] 포기(출가)를 포기하게 하시고, 저의 해이함8)을 시험하셨습니다.

62 오, **참스승**이시여! 에고가 소멸하지 않는다면 광대한 **심장** 속에 들어가서 의식으로서 빛나기가 쉽겠습니까?

63 어둠 속에 잠겨 있는 마음을 기만하는 명성에의 욕망은 지知의 빛을

---

8) '해이함'은 나따나난다가 바가반의 가르침을 고수하지 않고 출가한 것을 말한다.

가진 마음 가까이 어디에도 접근하지 못할 것입니다.

64 당신께서 제 심장 속에 다르마의 신으로서 영구히 거주하심을 몰랐습니다. 당신께서는 질책하시는 눈길로 저에게 고통을 겪게 하셨고, 이와 같이 저를 바로잡아 주셨습니다.

65 자기 아들이 못된 짓을 범해도 가혹함을 보이지 않는 어머니처럼, 당신께서는 크고 서늘한 자비심을 가지셨습니다.

66 괴로움이 무욕으로 발전하여 나를 구원하였기에, 가여운 나에게는 불행이 기쁨보다 더 유익한 것이 되었네.

67 의식이 내면에서 나타나 내 스승이 되더니, 영구히 내가 감각 지각을 자신과 동일시하지 못하게 했다네.

68 **자기자각**을 잃고 삿된 감각 기관들에 의해 몸 안에 결박되었던 내가, **심장** 속에서 내 영혼의 영혼으로 나타난 의식에 의해서 해방되었네.

69 환적인 어둠에 에워싸여 내가 피어날 수 없는 상태에 있을 때, 진리-은총의 해가 나를 피어나게 했네.

70 전에는 **지고아**가 내 안의 한 입자 같았지만, 그것[진리-은총]은 사랑을 통해 그것(원자 같은 지고아)을 광대무변한 것으로 만들고, 나에게 그것을 보게 만들었다네.

71 나의 **주님**이 말씀하셨네. 불가사의로 불리는 모든 것들 중 으뜸가는 불가사의는 '**진아**로서 빛나는 것'이라고.

72 한 마리 개인 내가 과거에 무슨 수승殊勝한 행위를 했기에, 비할 바 없는 분과 접촉하고, 그렇게 하여 구원을 얻을 수 있었던가?

73 에고의식을 통해 작용하는 마음은 오관을 통해서 밖으로 뛰어나가 고통을 겪지만, 이제 존재-의식을 통해 그것은 사뜨(sat)[실재]로서 머무른다네.

74 은총의 눈길을 얻지 못하여 원인신9)에 지친 영혼이 이제 완전하고 온전한 존재-의식으로 빛나는 행운을 얻었네.

75 몸뚱이는 예전에 질병과, 감각 지각의 향유와, 에고 유령의 처소였지만, 이제는 그것이 **주님**의 거주처가 되었다네.

76 잠 속에서도 변함없이 지속되는 호흡처럼, 오고 감이 없는 완전함의 상태가 꿈속에서조차 자연스러워졌네.

77 이 세상에 내 아버지의 사랑에 필적할 것이 있는가? 당신은 헌신자들이 당신에 대한 숭배를 시작하기도 전에 [그들의 내면에서] 당신 자신을 나투시는 분이라네.

78 내 **스승님**의 축복으로 욕망들이 사라지자, 이전에는 결코 만족하지 않던 마음이 이제는 충만함과 온전함을 성취했다네.

79 은총으로 넘치는 **주님**의 두 발에 대한 헌신을 닦는 행운을 얻는 데 성공하니, 어두운 망상 속에 잠겨 있던 영혼이 **심장**의 상태를 성취했다네.

80 진리를 본 내 지知의 눈에는 진아가 도처에서 나타난다네. 감각 기관이 지각하는 허망한 대상들은, 내가 미혹되어 있을 때는 보였으나 더 이상 나타나지 않는다네.

81 찬란한 태양이 나타나면 어떤 별도 보이지 않네. 마찬가지로, 나의 신적 성품이 솟아오를 때는 어떤 생각도 나타나지 않는다네.

82 에고가 나타나는 한에는 지知가 빛나지 않네. 진아가 나타나면 에고는 스스로 사라진다네.

83 **스승님**이 말씀하시기를, '나는 몸이다' 하는 관점이 '나'와 '너'라는 차별상을 가져오지만, 그 관점이 사라지면 어떤 차별상도 빛나지 않을 것이라고 하셨네.

---

9) 깊은 잠이 든 에고의 무자각 상태.

84 내가 그분을 나와 같은 인간으로 보던 무지를 몰아냄에 있어, 그분은 어머니보다도 더 친절하셨네. 그분의 사랑에는 그 무엇도 필적할 수 없다네.

85 아루나찰라처럼 움직임 없이 안주하시는 분[바가반]을 생각 없이 생각함으로써, 나는 **심장** 속으로 가라앉았네.

86 몸소 고요히 머무르심으로써 '고요히 머무름'인 **진아**를 설명한다는 것은 실로 대단한 위업이라네.

87 쓸모없던 나를 참된 헌신자들의 무리에 받아들여 주셨기에, 내 **주님**의 명성은 전 세계에 자자하였네.

88 내가 그분의 두 발에 다가갈 근기가 되지 않음을 보신 뒤에도, 그분은 당신의 달콤한 감로의 가르침을 통해 나를 구원해 주셨네.

89 외부의 **스승**이자 내면의 **의식**으로서 나타나신 그분은 환의 마음을 솎아내고 나의 진정한 성품을 드러내셨네.

90 설사 그들[헌신자들]의 성숙도가 미흡하다 해도, 만약 지知의 화현이신 분의 은총으로 밝게 빛나는 얼굴을 본다면, 그들의 해탈은 확실한 것이네.

91 나와 같이 무력한 자들을 구원하심으로써 그분은 구원자들 중에서도 으뜸이신, 필적할 자 없는 분이 되셨네.

92 삼신三神10)조차도 찬탄하는 '무니들의 왕'(바가반)의 참된 헌신자들은 살면서 천신들조차 얻기 어려워하는 위대함을 성취할 것이네.

93 거기서 목욕하는 사람들의 죄를 없애주는 강가(Ganga-갠지스 강)처럼, 우리의 **주님**은 당신을 찾아간 사람들의 탐닉(대상들에 대한 몰두)을 완전히 소멸해 주실 것이네.

---

10) 브라마, 비슈누, 시바. 이 연에서 말하는 천신들은 힌두교의 천상계에 거주하는 존재들이다. 많은 힌두 스승들은, 천신들이 만약 깨닫고 싶으면 지구상에 환생해야 할 거라고 말한다.

94 자신을 보시금(*dakshina*)11)으로 내놓고 우리 **주님**의 종이 되는 사람들은, 확실히 구원되어 바로 이번 생에 복 있는 이들이 될 것이네.

95 세상 사람들아! 아낌없는 은총을 부단히 하사하시는 라마나께 귀의하여 구원을 얻으려거든, 이 지상에서 살날이 끝나기 전에 오라.

96 천상의 소원성취수이신 스리 라마나 아래서 피난처를 얻으면 지복의 향유자로 애씀 없이 살게 되리라.

97 모두가 칭송하는 위대한 우리 **주님**의 두 발에 헌신하는 이들은 그들의 참된 성품 안에서 은총 안에 자리잡은 무리의 일원이 되리라.

98 책을 통해서는 도달할 수 없는 '그것'을 하사하시는 [내 주님의] 계보에 들어오는 사람들은 고귀한 진인들로 빛날 것이네.

99 허물을 보지 않으시는 그분은 신적 춤을 추시고 나의 불완전한 심장마저 찌뜨람발람(*chitrambalam*)12)으로 받아주셨네.

100 나는 내 **주님**이 춤추시는 **심장공간**(Heart-space)이 되어 영구히 지복의 바다에 가라앉아 있다네.

101 먹고 나서 이제 행복하게 잠자고 있는 헌신자들에 둘러싸이신 그분은, 배고픈 자들에게 감로를 베푸는 자비의 창고이시라네.13)

102 그분의 사랑 가득한 신성한 말씀의 축복을 얻는 신적 행운을 가진 이들은, 불행 가득한 마음을 뿌리뽑을 수 있게 될 것이네.

103 내 **주님**이 말씀하셨네. "'내가 있다'로서, 존재하는 것(실재)으로서 **심장** 안에 안주하면 허망한 에고는 소멸될 것"이라고.

---

11) '*dakshina*'는 가르침을 베풀준 데 대해 스승에게 드리는 전통적 사례금이다. 나따나난다는 여기서, 자신들의 마음을 *dakshina*로 내놓는 사람들은 깨닫는다고 이야기한다.
12) *chitrambalam*은 '광대무변한 의식'이다. 이것은 특히 주 나따라자(Lord Nataraja), 곧 '춤추는 시바'의 나툼과 연관되는 용어인데, 그는 찌담바람에서 우주적 춤을 추었다. 시바의 신적인 춤은 그 다음 연에서도 언급된다.
13) 이것은, 바가반이 많은 헌신자들에게 영적인 감로를 베풀었고, 이제 그들은 깨달음을 잠을 행복하게 자고 있다는 뜻이다.

104 따빠스 세계의 **주님**이 말씀하셨네. "'나는 시바다'라는 생각만으로 저절로 지知 따빠스(*jnana tapas*)14)가 되지는 않을 것"이라고.

105 "검劍 같은 눈을 한 스승의 자비로운 시선의 그물에 걸린 사람들은 결코 도망칠 수 없다"고 하신, 당신의 위대하고 경이로운 말씀이 이제 실현되었습니다.

106 좀처럼 얻기 어려운 사람 몸을 받고, 위없는 지복과 찾기 어려운 스승의 은총을 열망함으로써, 나는 참된 삶에 이르렀다네.

107 스리 라마나의 서늘하되 강력한 은총에서 나오는 행운을 설명하는 이 저작은, 놀라운 기쁨을 안겨줄 것이네.

108 놀라운 기쁨을 안겨주는 이 저작을 소중히 여기는 덕 있는 이들은, 위대한 포기자들 중에서도 정수리 보석으로 영원히 빛날 것이네.

---

14) 베단타의 많은 스승들은 '나는 브라만이다'나 '나는 시바다'와 같은 긍정 문구들을 옹호한다. 바가반은 이런 행법들이 지적인 활동이며, 마음의 근원에 이르게 해주지 않을 것이라고 주장하였다.

참고 자료 1
사두 나따나난다

사두 나따나난다는 1981년에 세상을 떠났다. 이것은 *The Mountain Path*, 1981년 10월 호, 234-5쪽에 수록된 사두 나따나난다에 대한 추모 글이다. —옮긴이

스리 바가반의 헌신자들 중 가장 연로하고 가장 존경받는 사람들 중 한 분이었던 사두 나따나난다 님이, 스리 라마나스라맘 주위에서 성장한 작은 공동체인 라마나 나가르에서 타계했다. 그의 타계를 추모하기 위해 우리는 그가 스리 바가반과 함께한 삶에 대한 다음 이야기를 게재한다. 이 글은 아쉬람 서점의 전 주임이었던 스리 띠야가라잔이 편집했다 자료는 아쉬람 출판물들에 나오는 이야기들에서 일부를 뽑았고, 일부는 사두 나따나난다 자신의 구두 회상에서 가져왔다. (편집자)

스리 나떼샤 무달라이아르, 더 친숙하게 알려진 이름으로 사두 나따나난다는 원래 직업이 초등학교 교사였다. 그는 젊을 때 지知 요가에 관한 스와미 비베카난다의 강의에 영감을 얻어, 자신이 크게 우러러보던 스리 라마크리슈나와 대등한 반열의 스승을 열심히 찾고 있었다. 1918년 그가 처음 스깐다쉬람을 찾아갔을 때 마하르쉬님은 침묵을 유지하셨다. 사두 나따나난다는 감히 먼저 말을 하지 못했고, 실망하고 돌아갔다. 그 뒤에도

마하르쉬님을 몇 번 더 찾아갔으나 마하르쉬님은 매번 침묵을 지켰다. 마하르쉬님의 침묵의 가르침을 받는 데 실패한 그는 대신 까시(Kasi- 바라나시)로 성지순례를 가기로 했다. 걸어서 길을 떠났고, 도중에 스리뻬룸뿌두르에서 비슈누파의 사두 한 사람을 만났다. 사두는 그에게 스리 라마나 마하르쉬님이 계신 곳으로 돌아가라고 충고했다. 이 신비한 사두는 마하르쉬님만이 그의 구원자가 될 거라고 하면서, 물리적으로 사두 나따나난다의 갈 길을 막고, 예정했던 순례를 한 걸음도 더 나아가지 못하게 했다!

사두 나따나난다는 집으로 돌아가서 마하르쉬님께 은총과 가르침을 달라고 기원하는 편지를 보냈다. 한 달을 기다렸으나 답장이 없었다. 그는 굴하지 않고 다시 편지를 써서 등기로 부쳤다.

며칠 후, 마하르쉬님이 그의 꿈에 나타나서 말했다. "계속 나를 생각하지 말게. 그대는 먼저 마헤스와라(시바) 신의 호의를 얻어야 하네. 먼저 그분에 대해 명상하여 그분의 은총을 얻으면 내 도움은 당연히 따라올 것이네." 사두 나따나난다는 그 가르침에 따라 시바의 형상을 명상했다. 며칠 후 자신의 편지에 대한 답장을 받았는데, 이렇게 쓰여 있었다. "마하르쉬님은 편지에 답장을 하지 않으십니다. 당신이 직접 와서 그분을 뵈면 됩니다."

그는 꿈에 자신이 받았던 가르침에 따라, 먼저 마헤스와라의 은총을 얻기 위해 아루나찰레스와라 사원으로 갔다. 마하르쉬님은 다음날 만나 뵙기로 했다. 사원에서 만난 한 브라민이 그를 만류하려고 했지만 성공하지 못했다. 오히려 다음날 그가 만난 세샤드리 스와미는 그를 훨씬 고무시켜 주었고, 이 만남에서 자신감을 얻는 그는 산을 올라 스깐다쉬람으로 갔다. 이번에는 대여섯 시간 동안 마하르쉬님 앞에 앉아 있었으나, 그들 사이에 아무 말도 오고가지 않았다. 그는 실망하여 다시 떠났지만, 그 뒤로는 매달 하루 동안 다시 와서 그곳에 앉아 말없이 간청했다. 그러나 마하르쉬님은 그에게 전혀 말씀을 하지 않았고 그 자신도 감히 먼저 말을 하지 못했다. 이런 식으로 1년이 꼬박 지나고 나자 그는 더 이상 견디지 못하고 마침내 이렇게 말했다. "저는 당신의 은총을 배우고 체험하고 싶습니다. 그에 대한 사람들의 이야기가 서로 다르니까 말입니다." 스리 바가반이 대답하셨다. "나는 늘 은총을 베풀고 있네. 그대가 그것을 이해하지 못한다면 내가 어떻게 하나?"

아직도 그는 침묵의 가르침을 이해하지 못했지만, 이 대화가 있고 난 뒤 그는 꿈에서 스리 바가반으로부터 가르침을 받기 시작했다. 그 후 그의 헌신이 계발되었고, 그는 스리 바가반을 찬양하는 타밀어 시를 짓기 시작했다. 그 뒤에 마침내 자신이 그토록 열망하던 구두 가르침을, 대다수 다른 사람들보다 더 온전하게 받았다. 그 내용은 『영적인 가르침』이라는 소책자에 들어 있는데, 이 책은 처음에 『가르침의 교리문답(A Catechism of Instruction)』이라는 제목으로 간행되었다.

결국 사두 나따나난다는 마하르쉬님과 32년간 접촉하면서 많은 흥미로운 체험을 얻게 되었다. 한결 흥미로운 체험들 중 하나를 그는 다음과 같이 들려주었다.

비야사뿌르니마(Vyasapoornima-7~8월 보름 때 열리는 축제) 날 가나빠띠 무니와 까빨리 샤스뜨리(가나빠띠 무니의 제자)가 한 무리의 산스크리트 학자들과 함께 산을 돌다가, 마하르쉬님께 경의를 표하기 위해 아쉬람에 들렀지요. 그들은 구회당(Old Hall)에 앉자 산스크리트어로 철학을 논의하기 시작했습니다. 그 논의를 듣던 저는 그들이 철학을 논의하고 있다는 것은 알았지만 그 의미를 따라 이해하지는 못했습니다. 그래서 마음이 딴 데로 흐르기 시작했고, 그들이 이야기하고 있는 그런 체험을 하게 될 날이 언제나 올까 생각하면서 상당히 동요되었지요. 그런 체험에 대한 열망이 너무 강렬했던 나머지 그만 몸에 대한 의식을 다 잃어버렸습니다. 그 상태에 얼마나 오래 머물러 있었는지는 모르겠으나, 문득 어떤 목소리에 보통의 의식으로 돌아왔습니다. 다른 사람들은 다 떠났고, 회당에는 바가반만 남아 계셨습니다.

"왜 낙담하나?" 그 목소리가 말했습니다. "만약 그대가 정말 이번 생에 진아를 깨달을 근기가 아니었다면 이곳에 아예 오지도 못했겠지. 그대를 여기로 이끈 그 힘이 그대로 하여금 진아를 깨닫게 해줄 것이네. 설사 오늘이 아니라 해도 그것은 반드시 약속을 성취할 것이네. 그대가 낙담해야 할 아무 이유가 없네."

이 자애로운 말씀에 저는 정신이 번쩍 들었고, 즉시 평안이 제 영혼 속으로 들어왔습니다.

바가반의 대열반이 있은 뒤 사두 나따나난다는 계속 라마나 나가르에 머물렀다. 그는 침묵하고 있는 것을 선호했고 결코 한가한 대화를 나누지 않았다. 호기심 많은 방문객과 기적을 추구하는 사람들은 그가 매우 아둔하다고 여기기도 했다. 학자들이 지적인 토론을 하기 위해서나 그가 무엇을 아는지 시험하기 위해 찾아오면, 그는 예리한 지성을 감추고 무지한 속인인 척하기도 했다. 이 기간 동안 그는 『라마나 다르샤남』이라는 타밀어 책을 편찬했는데, 여기에는 바가반의 삶에서 일어난 사건들과 그 자신이 경험한 일들 중 몇 가지, 그리고 바가반의 가르침에 대한 많은 주석이 들어 있다. 「아루나찰라에 바치는 다섯 찬가」에 대해서도 타밀어 주석을 하나 썼다. 그는 은둔의 습관이 있었지만, 조언을 구하거나 바가반의 가르침에 대한 설명을 듣기 위해 찾아오는 구도자들은 늘 반겼다. 그는 자신이 사는 거처로 활동을 한정했다. 아쉬람을 방문할 때도 드물게 있었지만, 그것은 보통 아쉬람 총재가 특별한 행사에 참석해 달라고 했을 때였다.

스리 바가반과 친밀히 함께 움직이며 그 가르침의 취지를 온전히 흡수했던 헌신자들이 많지 않은데, 그가 타계하면서 그 진용에 메울 수 없는 빈자리가 남았다.

참고 자료 2
전환점

이것은 *The Mountain Path*, 1969년 4월호, 108-9쪽에 수록된 사두 나따나난다의 'The Turning Point'라는 짧은 글을 옮긴 것이다. ─옮긴이

나는 1917-18년에 스무 살의 교사였다. 천성적으로 경건한 기질의 소유자여서, 사원에 안치된 신들을 친견하기 위해 이곳저곳을 자주 돌아다니곤 했다. 그것을 본 한 고귀한 분이 나에게 『스리 라마크리슈나 비자얌』과 『스리 비베카난다 비자얌』이라는 타밀어 책 두 권을 주면서 읽어 보라고 했다. 그것을 읽자마자 나는 신을 직접 보아야겠다는, 그리고 그 길을 보여줄 스승을 찾고 싶다는 강렬한 열망에 사로잡혔다. 그것을 탐색하고 있을 때, 스리뻬룸뿌두르에서 우연히 만난 한 성자를 통해 바가반 스리 라마나의 비상한 위대성에 대해 듣게 되었다. 1918년 5월 2일, 나는 아루나찰라의 스깐다스라맘에서 스리 라마나를 처음으로 뵈었다.1)

---

1) (역주) 여기서는 성자를 만난 뒤에 바가반을 처음 찾아간 것처럼 되어 있어 앞에 나온 버전과 다르다. 그러나 성자를 만나기 전에 이미 바가반을 찾아갔지만 말씀이 없어서 실망하고 돌아왔다고 볼 수도 있으므로 반드시 모순은 아니다. 그렇게 처음 찾아간 날이 5월 2일이었고, 뒤의 가르침은 그 이후에 받은 것일 수 있다. 오래 전 일의 기억은 순서가 뒤섞일 수 있다.

나는 당신께 이와 같이 열렬히 간청했다. "제가 몹시 바라는 것은 당신의 자애로운 지혜를 실제로 체험해야겠다는 것입니다. 부디 저의 바람을 이루어 주십시오." 당시 스리 라마나는 말씀을 많이 하지 않으셨지만 그래도 친절하게 다음과 같이 말씀하셨다. "내 은총을 얻고 싶어 하는 것은 내 앞의 그 몸인가? 아니면 그 안의 자각인가? 만약 그것이 자각이라면, 지금 그것이 그 자신을 몸으로 여겨 이런 청을 하고 있는 것 아닌가? 만약 그렇다면, 그 자각이 무엇보다도 먼저 자신의 진정한 성품을 알도록 하게. 그러면 신과 나의 은총은 자동적으로 알게 될 것이네. 이 말의 진리성은 지금 여기서도 깨달을 수 있네."

그렇게 말씀하신 것 외에도, 당신은 나 자신의 (일상적) 경험을 들어 다음과 같이 그것을 설명해 주셨다. "은총을 얻고 싶어 하는 것은 몸이 아니네. 따라서 그것은 여기서 '그대'로서 빛나는 자각임이 분명하네. 자각의 성품을 지닌 그대는 잠 속에서는 (생시의) 몸, 감각 기관, 생기, 마음과 아무 연관성이 없다네. 잠에서 깨어나면 자신도 모르게 그것들과 자신을 동일시하는데, 이것은 그대가 경험하는 것이네. 이제부터 그대가 해야 할 일은 생시와 꿈의 상태에서도 자신을 그것들과 동일시하지 않도록 주의하고, 깊은 잠의 상태에서와 같이 그대 자신으로 남아 있도록 노력하는 것이 전부네. 그대는 성품상 초연하므로, 무지한 깊은 잠의 상태—그 상태에서는 그대가 형상이 없고 초연하지만—를 '의식하는 깊은 잠'으로 변환해야 하네. 그래야만 그대의 진정한 성품 안에 자리잡을 수 있네. 그 체험은 오랜 수행을 통해서만 올 거라는 것을 결코 잊지 말게. 그 체험은 그대의 진정한 성품이 신의 성품과 다르지 않다는 것을 분명하게 해줄 것이네."

참고 자료 3
한 위대한 헌신자에게 바치는 찬사

이것은 *The Mountain Path*, 1981년 10월호, 236쪽에 수록된 'A Humble Tribute to a Great Scholar-Devotee'라는 글을 옮긴 것이다. 이 간행물의 편집주간이던 V. 가네샨 씨가 썼다. ―옮긴이

만일 자기를 드러내지 않고 사람들이 자기를 알아보는 것을 피하는 원리를 구현한 어떤 인간 형상이 있다면, 그것은 필시 돌아가신 스리 사두 나따나난다뿐일 것이다. 많은 사람들은 스리 바가반의 이 오랜 헌신자가 (그는 스리 바가반이 스깐다쉬람에 계실 때 처음 당신을 찾아왔다) 아쉬람 맞은편의 아주 가까운 곳의 한 오두막에서 (오랜 세월 거의 자신을 감추고) 살아 왔다는 것을 알면 놀랄 것이다. 나는 최근에야 확고한 헌신자들을 스리 사두 나따나난다께 데려가기 시작했는데, 어느 누구도 빈손으로 돌아오지 않고 그들의 심장이 영적으로 아주 가득 차서 돌아왔다.

1978년에 나는 그러한 진지한 구도자들의 한 그룹을 그에게 소개했다. 그들은 스리 나따나난다께 스리 라마나의 길에 대한 영적인 가르침을 청했다. 다음은 그날 그의 입술에서 떨어진 보석들 중 일부이다.

"스리 바가반께 왔다는 것은 우리가 바로 이번 생에 생사윤회를 적극적으로 종식시키게 될 거라는 충분한 증거입니다."

"만일 우리가 자기탐구(Atma vichara)에서 벗어나면 세간탐구(loka vichara)에 몰두하게 됩니다. 자기탐구는 힘든 노력을 요하며, 거기서 벗어나는 순간 우리는 세간탐구에 빠져 익사합니다. 그것은 이것과 같습니다. 즉, 빛만을 얻으려고 하면 등불을 켜는 노력을 해야 합니다. 어둠을 얻기 위해서는 노력이 필요 없지요! 빛이 없는 것이 어둠이니 말입니다."

"구도자는 분별(viveka)과 무욕(vairagya)의 두 날개로 납니다. 한 날개만으로는 날 수 없습니다. 자신의 원습을 자각하는 것이 분별이고, '그 한계[원습]가 누구에게 있는가?'라는 부단한 탐구로써 그것을 없애는 것이 무욕입니다. 그래서 무욕에 의해 강화된 분별만이 우리를 진리로 이끌어줄 수 있습니다. 완전한 전념[주의]을 수반한 깨어 있는 노력이 필수적입니다."

"헌신의 접근법과 같은 다른 수행에서는, 우리가 꾸준히 진보하면서 다른 몸을 받아 더 나은 삶을 얻을 수 있습니다. 그러나 왜 깨달음을 연기합니까? 이 몸조차도 우리 자신의 것이 아니고, 사실 우리는 전혀 몸을 받지 않았다는 것을 온전히 알 때, 다음 생이라는 문제가 어디 있습니까? 누구에게 있습니까?"

나는 바가반의 많은 원로 헌신자들과 접촉하고 교류해 온 큰 행운을 가졌지만, 그 중에서 지금도 생존해 계신 분은 극소수이다. 스리 사두 나따나난다는 그런 헌신자들 중에서도 까비야깐타 가나빠띠 무니, 무루가나르, 락슈마나 샤르마, 아서 오즈번과 같은 가장 위대한 분들과 나란히 같은 반열에 들어야 할 것이다. 바가반에 대한 그의 헌신은 전적이고 완전한 것이었다.

그는 스리 바가반에 대한 수백 연의 시를 지었고, 약간의 산문 저작도 지었다. 그런 저작을 완성하면 즉시 그것을 아쉬람에 넘겨주었고, 그런 다음 그것이 인쇄되었는지 여부에 대해서는 한 번도 묻지 않았다. 한번은 나에게 이렇게 말씀하셨다. "가네샨, 자네는 내 방에서 내가 스리 바가반에 대해 글을 쓴 작은 종잇조각 하나도 발견하지 못할 거야. 내 스승님에 대해 글을 쓰는 순간 나는 가슴 속에서 그것을 당신께 바치고, 그것을 아쉬람에 넘겨준다네. 왜냐하면 바로 그 순간부터 그것이 아쉬람의 재산이 된다고 느끼기 때문이야!" 나는 '경전습(sastra vasana)'[자기 저술에 대한 집착]이 식자들에게 마지막까지 남는 가장 강한 습이라는 것을 읽은 적이 있었기에, 이런 독특한 방식의 완전한 순복에 놀랐다.

나는 헌신자들 중에서도 더없이 빛나는 이분에 대한 나의 존경과 경배를 기록으로 남겨두고 싶다. 스리 라마나의 헌신자들 사이에서 '라마나 세바깐(Ramana Sevakan)' — 라마나의 하인 — 으로 알려진 이분이 라마나 헌신자들의 가슴 속에서 오래 살아 계시기를!

용어 해설

adharma	비非다르마. 다르마의 반대. 즉, 다르마에 반하는 행위.
advaita	비이원론. 베단타의 한 파. 다른 파는 한정비이원론과 이원론이다.
agamya	미래업. 금생에 축적되어 내생으로 넘어가는 새로운 업.
ajnana	무지. 진아에 대한 자각이 없는 것. 진지(*jnana*)의 반대.
ajnani	무지인. 지知(*jnana*)가 자신의 참된 성품인 줄 모르는 사람.
anubhuti	(진아에 대한) 직접 체험.
asrama	인생단계. 힌두교에서 말하는 인생의 네 단계 중 하나.
Atman	진아. 아뜨만. 비이원론자들은 이것이 브라만과 동일하다고 한다.
bhakta	헌신자. 헌신가.
bhiksha	공양. 속인들이 사두들에게 올리는 음식. 탁발 그릇에 넣는 음식은 물론이고 대중들에게 베푸는 대중공양도 포함한다.
brahmacharya	독신 생활. 특히 독신수행자로 사는 것. 힌두 인생단계에서는 미혼자가 종교적 선생님 밑에서 공부하는 첫째 단계이다.
brahmachari	독신자. 독신수행자, 또는 첫 번째 인생단계에 있는 사람
Brahman	브라만. 힌두교에서 말하는 비인격적인 절대적 실재.
Brahma nirvana	범열반梵涅槃. 깨달은 존재가 세상을 떠나는 것.
Brahma nishta	브라만 안주. 브라만의 상태에 자리잡은 것.
Brahma sakshatkara	브라만에 대한 직접적인 체험. 신 깨달음.
Brahmavid	브라마비드. 브라만을 아는 자. 깨달은 자.
Brahma vidya	브라만에 대한 지知 또는 학.
chinmudra	찐무드라. 의식을 상징하는 수인手印.
darshan	친견親見. 신이나 스승이 바라보아 주는 것, 혹은 그를 보는 것.
devas	천신天神. 천상계에 거주하는 존재들.
dharma	다르마. 올바른 행위. 도덕적 의무. 신성한 법. 종교적 전통.

diksha	입문(식).
dvaita	이원론. 베단타의 한 파.
gandharva	건달바. 천상의 음악신.
gunas	구나. 모든 신체적·정신적 현상을 특징짓는 세 가지 성질. 사뜨와·라자스·따마스가 그것이다.
jiva	개아個我. 개인적 영혼.
jivatma	개인아.
jivanmukta	생전해탈자. 살아 있는 동안에 해탈한 사람.
jivanmukti	생전해탈. 생전해탈자의 상태.
jnana	참된 지知. 진지眞知. 자신의 참된 성품에 대한 깨달음.
jnani	진인眞人. 자신이 진지임을 직접 자각하는 사람. 깨달은 사람.
kalpa	겁劫. 매우 장구한 우주적 시간.
kamandalu	까만달루. 코코넛 껍질로 만든 물주전자.
khecheri mudra	케쩨리 무드라. 혀를 뒤로 젖혀 비강에 집어넣는 탄트라적 행법.
kevala nirvikalpa samadhi	합일무상삼매合一無相三昧. 진아를 자각하지만 자신의 몸이나 세계를 의식하지 못하는 황홀경 같은 상태. 외부적 자각이 상실되는 일시적인 진아안주.
laya samadhi	라야 삼매. 잠과 비슷한 일시적인 마음 상태로서, 마음이 움직이지 않는 데서 오는 쾌락을 경험한다.
mahanirvana	대열반大涅槃. 대삼매와 같다.
mahapurusha	마하뿌루샤. 성취존자. 위대한 존재. 깨달은 존재.
mahasamadhi	대삼매大三昧. 깨달은 존재가 몸을 버리는 순간.
mahatma	마하트마. '위대한 영혼'. (깨달은) 성자.
mahavakya	큰 말씀. 실재의 본질과, 개인적 자아와 저변의 절대적 실재의 동일성을 확언하는 우파니샤드의 네 가지 말씀.
mauna	침묵. 묵언. 무념의 진아체험과 동의어이다.
maya	마야. 환幻. 실재하지 않는 세계가 실재하는 듯이 보이게 하는 힘.
moksha	해탈. 생사윤회에서 벗어나는 것.
mudra	무드라. 수인手印.
mukti	해탈. 깨달음.
muni	무니. 진인 또는 현자. 영적인 달인.
nadi	나디. 영맥靈脈. 미세신 안에 있는 신경 또는 에너지 통로.

nirvikalpa samadhi	무상삼매無相三昧. 통상 합일무상삼매를 가리키나, 본연무상삼매를 포함할 수도 있다.
niyama	권계勸戒. 수행자가 자신을 규율하도록 권장되는 행위 준칙. 라자 요가의 8단계 중 둘째 단계인 적극적 행위규범이다.
Paramatma	지고아. 지고의 진아(Supreme Self).
prakriti	쁘라끄리띠. 원질原質. 자연. 마야 또는 현상계.
prana	쁘라나. 생명기운. 생기. 몸을 살아 있게 하는 에너지.
prarabdha	발현업發現業. 전생에서부터 넘어온 업으로서 현생에 그 열매를 경험해야 하는 것. 금생에 할당된 개인의 운명.
prasad	쁘라사드. 은사물恩賜物. 신이나 스승에게 바친 것으로서, 그 일부나 전부를 그 시주자에게 돌려주거나 대중에게 나누어주는 것.
Puranas	뿌라나. 힌두 신들에 관한 신화적 이야기가 많이 나오는 경전군群.
rajas	라자스. 활동성. 세 가지 구나 중 하나.
rishi	리쉬. 진인 또는 선인仙人. 실재의 성품을 본 영적 달인.
Sadasiva	사다시바. 지고의 시바. 순수 존재로서의 시바.
Sadguru	**참스승**. 완전히 깨달아 실재 안에 자리잡고 있는 스승.
sadhaka	수행자. 구도자.
sadhana	수행. 깨달음을 얻기 위한 수단. 행법.
sadhu	사두. 깨달음을 추구하기 위하여 세간적 책임을 포기한 전업적 구도자. 때로는 그렇게 하여 깨달은 사람을 뜻하기도 한다.
sahaja	자연적인. 본연의. 본래적인.
sahaja nirvikalpa samadhi	본연무상삼매本然無相三昧. 세간에서 정상적으로 자연스럽게 활동할 수 있는, 완전한 깨달음의 상태.
sahasrara	사하스라라. 머리 정수리에 있는 차크라. 사두 나따나다는 이따금 이곳을 마음이 작용하는 곳으로 여긴다.
Saiva Siddhanta	샤이바 싯단타(Saiva는 Siva의 형용사형). 주로 남인도 타밀 지역에서 성행하는 시바교의 갈래. 시바에 대한 열렬한 헌신이 특징이다.
sakti	샥띠. 진아의 힘. 현상계 이면의 창조력.
samadhi	삼매. 직접적이지만 일시적인 진아체험. 보통은 외부적 자각이 없는 황홀경 같은 상태. 삼매지, 곧 성자의 무덤을 뜻할 때도 있다.
samsara	윤회(계). 개아가 해탈하기 전까지 생과 사를 돌고 도는 과정. 더 일반적으로는 세간적 삶을 뜻한다.

sanchita	누적업累積業. 전생부터 축적된 업.
sankalpa	산깔빠. 의지 혹은 의도. 선택이나 결정을 하는 마음의 기능. 더 일반적으로 '욕망'을 뜻할 수도 있다.
sannyasa	출가(수행). 세간과 모든 개인적 관계를 완전히 포기하고 유랑 승려로 살아가는, 네 번째 인생단계.
sannyasa dharma	출가자의 다르마. 출가자들이 지켜야 하는 행위 준칙.
sannyasin	출가(수행)자. 산야신.
sat-chit-ananda	존재-의식-지복. 삿찌다난다로 붙여 쓰기도 한다.
sattva	사뜨와. 순수성. 조화성. 세 가지 구나의 하나.
siddhi	싯디. 초능력. 성취를 뜻하기도 한다.
Sivam	시밤. 시바인 의식.
sthita prajna	반야안주(자). 지혜(*prajna*), 곧 진아의식에 자리잡고 있는 상태.
swarupa	스와루빠. 진정한 성품 혹은 진정한 형상.
tamas	따마스. 나태성. 무감각. 세 가지 구나의 하나.
tapas	따빠스. 종종 고행을 수반하는 힘든 수행. 그 목적은 영적으로 순수하지 못한 요소를 태워 없애려는 것이다.
turiya	뚜리야. 생시, 꿈, 잠의 세 가지 상태 저변의 '네 번째' 상태.
turiyatita	뚜리야띠따. '네 번째를 넘어선'.
upadesa	우빠데샤. 영적인 가르침. 특히 스승이 한 제자에게 주는 것.
upadhi	부가물. 무한한 진아를 제약하게 스스로 덧씌우는 것. 몸, 감각 기관, 마음 등.
varishta	바리슈타. 128쪽의 각주 62) 참조.
vasanas	원습原習. 다생의 오랜 습기習氣. 우리가 반복적·습관적으로 생각하거나 말하게 만드는 마음의 습.
Vedanta	베단따. 베다의 끝 부분인 우파니샤드에서 나온 철학.
videhamukta	무신無身해탈자. 통상 몸이 죽을 때 진아를 깨닫는 자. 이것은 또 더 이상 몸을 의식하지 못하는 깨달은 존재를 뜻할 수도 있다. 그 상태가 무신해탈(*videhamukti*)이다.
visishtadvaita	한정비이원론.
vritti	상相. 생각, 마음의 한 변화 형태(변상) 혹은 활동.
yama	금계禁戒. 수행자가 세계나 다른 사람들을 대할 때의 행위 준칙.

옮긴이의 말

이 책은 라마나 마하르쉬의 삶과 가르침에 대한 그 직제자의 주석이다 (『라마나 다르샨남』에서 '다르샤남'은 '다르샨darshan' 곧 성자의 '친견'을 뜻한다). 20세 때 처음 바가반을 찾아간 사두 나따나난다는 침묵 속에서 전해지는 바가반의 가르침을 이해하지 못했다. 나중에 구두 가르침을 많이 받고서야 깨달음의 길에 제대로 들어설 수 있었다. 그는 수행 욕구가 강해서 출가도 감행했으나 얼마 후 다시 재가의 삶으로 돌아갔고, 꾸준한 수행 끝에 마침내 진아를 깨닫고 바가반의 가르침을 깊이 이해했다. 그가 예순의 나이에 간행한 이 책은 바가반의 삶과 가르침의 중요한 측면들을 조명하는 한편, 다른 문헌에서 볼 수 없는 바가반의 귀중한 일화나 가르침들도 전해주고 있다. 우리는 저자에 대한 정보가 많지 않은 점을 고려하여, 라마나스라맘의 정기간행물 「The Mountain Path」에 나온 그에 관한 몇 가지 자료를 번역하여 '참고 자료'로 덧붙였다.

이 책은 스리 라마나의 가르침에 대한 깨달은 제자의 해설이므로, 저자의 관점을 잘 따라가기만 해도 그 가르침의 요체를 파악하는 데 별 어려움이 없을 것이다. 사두 나따나난다는 논점의 범주를 10가지로 압축하고 이를 60개 장으로 풀어냈는데, 자기탐구 수행의 핵심 개념으로 '존재-의식'을 강조한다. 자기탐구는 '나는 누구인가?' 하고 묻는 수행으로만 인식되기 쉬우나, 그 본질은 존재-의식의 수행이라고 할 수 있다. '존재-의식'은 '나'의 존재성과 '있다'는 의식을 하나로 결합한 용어이다. 이 '존재'('내가 있다')와 '의식'(앎, 자각)은 본시 불가분한 하나이며, 이는 바로 지금 여기 '내가 있다'는 자각이다. 사람들은 대상적 인식에 익숙한 탓에 자기존재에 대한 이 자각을 어렵게 느낄 수도 있겠지만, 모든 생각과 느낌의 바탕을 이루는 현재의 이 의식 자체를 자각하면 된다. 이 존재-의식은 수행을 하든 않든 우리에게 본래 갖추어져 있는 것이므로, 자기탐구 수행은 이 존재-의식을 부단히 유지하는 '주의'의 문제로 압축된다. 이 주의, 곧 자각의 수행은 '나는 누구인가?'라는 탐색을 자연히 포함하며, 그래서 자각이 곧 탐구이다. 다만 여기서도 다른 모든 수행과 마찬가지로 '분별'로써 원습을 통찰하고 '무욕'으로 그것을 소멸하는 과정이 수반되어야 한다. 분별과 무욕은 수행의 '양 날개'이고, 자각과 탐구는 자기탐구의 두 측면이다.

저자는 또한 개아와 브라만의 합일[동일성]을 언급하면서 그 진리의 의미를 논하고 있다. 이것은 이른바 힌두교의 '범아합일' 개념을 보여주는데, 아뜨만(진아)과 브라만의 합일이 아니라 '개아'와 브라만의 합일로 표현하고 있다는 데 주목해야 한다. 개아는 개별 육신에 한정된 자아를 뜻하지만, 비이원론에서 말하듯이 자아가 본질상 브라만과 동일하며 결코 서로 분리된 적이 없다면 '합일'은 외관상의 개념일 뿐 실제로는 '합일'이라는 것 자체가 없다고 할 수 있다. 그 합일이란 에고의 소멸과 함께 그릇된 '분리의 관념'이 해소되는 것일 뿐이다(다만 에고가 있는 범부에게는 자아(개아)와 브라만의 구분이 여전히 유효하고, '합일'을 위한 수행도 필요하다). 에고가 소멸한 사람은 브라만이 자신의 실체임을—진아임을—깨닫는다. 즉, 진인에게는 자아(진아)와 브라만이 원래 동일한 것이다. 따라서 외관상 개아로 보여도 본질상 우리의 '참된 성품'일 뿐인 이 자아와 관련해서는 '범아합일'보다

'범아동일(성)'이라는 개념이 더 타당하다고 할 것이다.

진아로서의 '아뜨만' 혹은 진아의식은 브라만의 다른 이름일 뿐이고 브라만과 별개의 실체가 있는 것이 아니므로, 힌두교가 최후까지 모종의 '실체적 자아'로서의 아뜨만을 상정하고 있다고 보는 견해는 그릇된 것이다. 한편 브라만은 어떤 실체적 개념으로 결코 규정할 수 없고, 존재와 비존재를 넘어서 있다. 이 브라만이 불교에서 말하는 '무아'나 '공空'의 실체라면, '아뜨만' 개념은 진아가 곧 무아임을 보여주는 것일 뿐이다. 절대적 실재인 저 브라만을 바가반은 '의식'으로도 부르기를 선호하는데, 왜냐하면 의식은 "인간의 성품", 곧 우리의 본질이기 때문이다. 바가반에 따르면 "자신의 참된 성품을 존재-의식으로 분명하게 인식하는 것이 진아의 학學"이다. 따라서 의식이자 존재로서의 자기를 자각하고, 그 의식(자각)의 힘을 심화하는 수행이 실재에 이르는 가장 직접적이고 빠른 길일 것이다.

사두 나따나난다는 아뜨만과 브라만의 개념을 '생전해탈'과 '무신해탈'의 개념과 관련시켜 "쁘라냐남(진아의식)과 브라만은 각기 생전해탈과 무신해탈 상태를 가리킨다"고 설명하기도 한다. 즉, 아직 몸을 가지고 있는 진인은 진아의식(아뜨만)을 유지하지만, 그가 몸을 벗으면 절대적 실재와 하나가 된다. 이 경우 아뜨만은 하나의 몸과 관련하여 현현하는 브라만이라고 할 수 있다. 그러나 진인의 관점에서는 그에게 몸 자체가 없으며, 몸이 살아 있든 떨어져 나갔든 그의 본질은 브라만일 뿐이다. 저자는 '뚜리야'와 '뚜리야띠따' 개념도 생전해탈·무신해탈의 구분과 대응시킨다. 아뜨만의 경우와 마찬가지로, 이 역시 몸과 관련시킨 개념적 구분일 뿐 그 본질에서는 차이가 없다. 진인에게 발현업이 있느냐 여부에 관한 논의도 같은 맥락 안에 있다. 요컨대 이 모든 개념 구분은 사람들의 분별심을 해소해 주기 위한 것일 뿐, 진아의 실상과는 무관하다.

수행과 관련해서는 사두 나따나난다가 다소 엄격한 입장을 견지한다. 출가나 고행을 권장하지는 않지만, 진지한 수행자들에게는 세인들과 어울리지 않는 홀로 있는 삶과, 고행을 마다하지 않는 굳건한 태도가 바람직함을 암시한다. 깨달음을 위해서는 출가자의 삶이 더 바람직하다고 본 저자의 견해에 대해 영어판 편집자가 '**부록 1**'의 각주에서 바가반의 가르침을 들어 반론을 제시하고 있으나, 출가와 재가의 삶을 모두 경험해 본 진인의 견해를 가볍게 보아서는 안 될 것이다. 여하튼 개인적 삶의 방식과는 무관하게, 수행자는 일상의 모든 행위에서 '존재-의식'의 상태를 유지하기 위해 부단히 노력하여, 그 상태를 꿈이나 깊은 잠 속에서도 확립해야 한다. 바가반은 사두 나따나난다에게 준 가르침에서 깊은 잠 속에서의 그 상태를 "의식하는 깊은 잠"이라고 표현했다('참고 자료 2'). 그 상태에 이르러야 비로소 진아안주를 온전히 성취하게 된다.

이 책은 『라마나 다르샤남』의 영어판(3판)을 토대로 번역하되, 타밀어판으로 어구·문장·어순 등을 일부 수정하고 보완했다. 영어판에는 타밀어판의 문장이나 문단을 누락하거나 축약한 곳들이 있고 각주가 빠진 곳도 있지만, 역자의 타밀어 독해력이 부족한 탓에 되살린 곳은 몇 군데에 그쳤다. 한편 권두의 '타밀어 초판 서문'은 영어판에 있는 것과 다르다. 영어판의 서문은 타밀어 원문을 요약·발췌한 것에 불과했는데, 우리의 요청에 따라 영어판 번역자 벤까따수브라마니안 박사와 편자 데이비드 가드먼 씨가 한국어판을 위하여 그 원문을 영어로 완역하여 보내주었다. 아무튼 깊고 다양한 내용을 한 권에 담고 있는 이 책이, 바가반의 가르침을 정확히 이해하고 실천하려고 하는 분들에게 실질적인 도움이 되기를 바란다.

2015년 6월 옮긴이 씀